Das MITTENDRIN-Portfolio

Mein Lernbegleiter
Arbeitsheft für den Religionsunterricht

Vorname und Name

Schule

Schuljahr

Dieses MITTENDRIN-Portfolio bezieht sich auf die Schulbücher MITTENDRIN-Lernlandschaften Religion in allen Ausgaben.

Umwelthinweis:
Dieses Buch wurde auf chlor- und säurefreiem Papier gedruckt.

Umschlag: Kaselow Design, München
Umschlagmotiv: © Panstock/Jupiterimages
Satz: Kösel-Verlag, München
Illustrationen auf den Kapiteleingangsseiten: Ulrike Bahl, Hamburg
sonstige Illustrationen: Nadine Wagner, München
Druck und Bindung: Franz X. Stückle Druck und Verlag, Ettenheim
Printed in Germany
ISBN 978-3-466-50768-9

www.koesel.de

VORWORT

Liebe Schülerin, lieber Schüler,
vor dir liegt das neue MITTENDRIN-Portfolio, es ist dein künftiger Lernbegleiter für den Reli-Unterricht. Wenn du die einzelnen Seiten des Heftes durchblätterst, wirst du schnell verstehen, warum und wie dieses **Portfolio für dich persönlich** gemacht ist.

Die eine Hälfte des Heftes – es ist immer die linke Seite – ist beschrieben mit den wesentlichen und wichtigen Dingen, um die es im Religionsunterricht geht. Hier ist sozusagen auf den Punkt gebracht, worauf es ankommt. Allerdings sind diese Texte eben nur die eine Seite. Die andere Seite des Heftes – also immer die rechte – ist für dich, sie lässt dir viel Raum zur intensiven Bearbeitung und für persönliche Notizen. Stets hängen beide Seiten miteinander zusammen. Wie ist das gemeint?
Alles, was in diesem Heft auf den linken Seiten steht, gibt es nicht umsonst, es muss von dir durchdacht, bearbeitet und gewissermaßen in eine neue Form gebracht werden. Sonst bleibt es hier im Heft stehen und du kannst damit nichts anfangen. Bei deiner Bearbeitung können dir die Hinweise am unteren Ende der Seite mit der Überschrift »Lebensbezug« helfen. Sie bieten dir eine Verknüpfung zu deinem alltäglichen Leben an, denn sie benennen Situationen, in denen deine Kompetenzen gefragt sind. Und darum geht es schließlich. In dem Maße, in dem du dich mit diesen Hinweisen auseinandersetzt, wirst du dir die wesentlichen Dinge des Religionsunterrichts aneignen und die entscheidenden Kompetenzen erwerben. Das allerdings geschieht nicht von selbst. Deswegen ist jeweils auf den rechten Seiten der Raum für Deine eigenen Gedanken gegeben.

Wenn du Inhaltsverzeichnis und Aufbau des MITTENDRIN-Portfolios genau anschaust, wirst du sehen, dass es darin zwei Dimensionen gibt. Das sind einerseits die Themenbereiche des Religionsunterrichts und andererseits die Kompetenzen, die bei der Erarbeitung dieser Themenbereiche von dir erworben werden können. Auch hier gehört beides zusammen, wie die folgende Tabelle verdeutlicht:

THEMENBEREICHE	&	KOMPETENZEN
In Freiheit und mit Hoffnung leben		Du kannst in Sachen Religion
In der Gegenwart Gottes leben		wahrnehmen und beschreiben,
Mit Jesus leben		verstehen und deuten,
Verantwortlich leben		begründet urteilen,
In Gemeinschaft leben		dialogisch argumentieren,
In der Vielfalt leben		teilnehmen und gestalten.

Immer wieder fragen Schülerinnen und Schüler, was denn eigentlich im Religionsunterricht gelernt wird. Die einzelnen Themen oder Unterrichtseinheiten sind den meisten zwar bekannt, doch was kommt am Ende dabei heraus? **Was kann ich nach zehn Jahren Unterricht, was ich vorher nicht konnte?**

Dein Lernbegleiter, das MITTENDRIN-Portfolio, gibt dir die Antwort auf diese Frage. Es ist so ausgelegt, dass darin beschrieben wird, was du am Ende der Jahrgangstufe 10 an Kompetenzen in Sachen Religion erworben haben wirst. Was Du hier lesen kannst und was du für dich selbstständig und eigenverantwortlich daraus erarbeitest – das und nur das kommt am Ende dabei heraus. Es ist ja nicht so, dass man Bescheid weiß, wenn man Wissen von A nach B, also vom Buch ins Heft überträgt. Vielmehr kommt es darauf an, dass dieses Wissen angeeignet wird; und das ist Arbeit. Das Ergebnis jedoch lohnt sich. Denn wenn du wirklich diesen Weg gehst und die Themenbereiche mit den Hinweisen zum Leben verknüpfst, dann wirst du einen großen Gewinn haben. Dann wirst du Kompetenzen erworben haben, die dich als eine Person ausweisen, die sich auskennt in Sachen Religion.

Nun könnte man meinen, dann braucht es ja eigentlich keinen Religionsunterricht mehr. Das jedoch ist ein Irrtum. Denn der Religionsunterricht ist geradezu der optimale Ort, an dem genau das geschieht: die Vermittlung von Themenbereichen und Kompetenzen; das haben deine Lehrerin oder dein Lehrer mit ihrem Religionsunterricht im Blick. Es ist ja nicht damit getan, dass jeder für sich allein die Dinge bearbeitet. Die große Chance liegt im gemeinsamen Lernen, im Austausch und in der Diskussion. Dies gilt ganz besonders für den Religionsunterricht. Es gibt wohl kaum ein anderes Fach, das so wesentlich vom Gespräch und von der Diskussion lebt wie der Religionsunterricht.
Was bedeutet das alles ganz konkret? Wie kannst du nun mit dem MITTENDRIN-Portfolio arbeiten?

- Als dein Lernbegleiter sollte das MITTENDRIN-Portfolio immer an deiner Seite sein, wenn es um den Religionsunterricht geht, in der Vorbereitung, beim Unterricht selbst und in der Nachbereitung.
- Ausgehend vom Religionsunterricht kannst du dir bei passender Gelegenheit die entsprechende Seite des jeweiligen Themenbereichs genauer anschauen; das sollte auch öfters geschehen, quasi als ständige Wiederholung.
- Die Gedanken und Ideen, die dir dabei durch den Kopf gehen, notierst du auf der rechten Seite. Du solltest jedes Mal einen kleinen Eintrag machen, so wie in einem Tagebuch.
- Wenn du regelmäßig nach jeder Reli-Stunde einige kurze Notizen machst, wirst du schon bald einen Fortschritt feststellen.
- Manchmal ist es auch hilfreich, einzelne Textabschnitte von der linken Seite mit eigenen Worten zu formulieren.
- Selbstverständlich kannst du auch Skizzen machen oder grafische Elemente verwenden – schließlich ist es ja *dein* Lernbegleiter.

Zwei Hinweise zum Schluss: Das MITTENDRIN-Portfolio ist Bestandteil des Unterrichtswerkes **MITTENDRIN – Lernlandschaften Religion**. In den Jahrgangsbänden 5/6, 7/8 und 9/10 werden die Themenbereiche ausgiebig behandelt; dort findest du vielfältige inhaltliche Beispiele, mit denen du in deiner Lerngruppe arbeiten kannst.

Das MITTENDRIN-Portfolio bietet dir **ausgewählte Basistexte** an. Wer in religiösen Angelegenheiten kompetent sein will, kommt an diesen Quellen nicht vorbei. Es gibt freilich noch viele andere wichtige Texte, die zu kennen sich lohnt. Es ist in deine persönliche Verantwortung gelegt, dir diese Quellen zu erschließen. Deine Religionslehrerin bzw. dein Religionslehrer wird dich auf Anfrage umfassend beraten.

Liebe Schülerin, lieber Schüler,
dein MITTENDRIN-Portfolio, so wie es jetzt vor dir liegt, ist bei weitem nicht fertig. Ob es für dich ein Gewinn ist, hängt allein von dir selbst ab. Auf jeden Fall ist es eine persönliche Einladung an dich, das Beste daraus zu machen. Nutze den Freiraum und setze dich mit den vielfältigen Lebensbezügen auseinander. Du wirst sehen: Religion ist ein Thema, das sich mittendrin im Leben abspielt – wenn du es willst.*

Wolfgang Michalke-Leicht

* Das MITTENDRIN-Portfolio ist im Religionsunterricht entstanden. Ich danke meinen Schülerinnen und Schülern am Goethe-Gymnasium Freiburg. Insbesondere danke ich Moritz Löffler für seine kritischen Anregungen.

INHALTSVERZEICHNIS

1

IN FREIHEIT UND MIT HOFFNUNG LEBEN

Worum es geht

In vielen Situationen und Erfahrungen erkennen wir: Das Leben ist ein großartiges Geschenk (► Ps 104). Wir haben uns nicht selbst gemacht, wir sind Geschöpfe Gottes (► Gen 1–2). Darin liegt unsere Würde: Wir sind Gottes Ebenbild. Auch die Mitwelt, die uns umgibt, erleben wir als Gottes gute Schöpfung. Wir können sie gestalten, haben aber zugleich auch den Auftrag, sie zu bewahren (► Ps 8). Was wirklich wichtig ist im Leben, bekommen wir von anderen Menschen, z.B. in der Familie oder von Freunden, geschenkt. Liebe lässt sich nicht »herstellen«. Auch wenn vieles manchmal selbstverständlich erscheint, können wir lernen, dafür dankbar zu sein. Diese Haltung gibt unserem Leben eine neue Farbe.

Menschen erfahren ihr Leben als zwiespältig. Es gibt den Wechsel von Glück und Leid – beides gehört zum Leben dazu und beides liegt nicht selten ganz nah beieinander. Dann gibt es die Spannung zwischen Fremd- und Selbstbestimmung: Ich bin frei, ich kann selbst entscheiden, was ich tun und lassen will, und zugleich kann ich es nicht, weil andere über mich bestimmen oder weil ich unter Umständen lebe, die mir vorgegeben sind. Dann bin ich unfrei und gebunden. Eine besondere Qualität bekommt meine Freiheit, wenn ich mich für etwas entscheide, wenn ich mich für eine Sache einsetze oder mich an eine Person binde.

Ein Leben ohne Konflikte gibt es nicht, denn wo es Menschen gibt, da gibt es verschiedene Ansichten und Meinungen. Der Streit ist ein Teil unseres Alltags. Auch gibt es Situationen, in denen von uns Entscheidungen getroffen werden müssen, die ganz und gar nicht einfach sind, vor allem am Anfang (Geburt) und am Ende des Lebens (Sterben). Dann fragen wir uns: Was soll ich tun? Besonders in solchen Grenzsituationen suchen wir nach Maßstäben, an denen wir uns orientieren können (► Ex 20).

Menschen scheitern und werden schuldig. Doch sie sind den negativen Impulsen nicht ohnmächtig ausgeliefert (► Gen 4). Mit Gottes Hilfe können wir einen Weg aus der Verstrickung in Schuld und Sünde finden – wenn wir es denn wollen (► Joh 8). Gott macht den Menschen ständig neu das Angebot: Verkriech dich nicht, komm heraus aus deinem Gefängnis, denn du bist meine geliebte Tochter und mein geliebter Sohn. Ich liebe dich und werde es immer tun. Darauf kannst du dich verlassen.

Der Tod ist eine Realität. Christinnen und Christen verdrängen diese nicht. Vielmehr setzen sie dagegen die Hoffnung auf das vollendete Leben bei Gott. Deswegen gestalten sie ihr Leben im Hier und Jetzt aktiv und mit Engagement. Sie haben die Hoffnung, dass die lebendige Beziehung zu Gott auch über den Tod hinaus trägt.

Basistext: Der Mensch vor Gott

Herr, unser Herrscher, wie gewaltig ist dein Name
auf der ganzen Erde;
über den Himmel breitest du deine Hoheit aus.
Aus dem Mund der Kinder und Säuglinge schaffst du
dir Lob, deinen Gegnern zum Trotz;
deine Feinde und Widersacher müssen verstummen.
Seh ich den Himmel, das Werk deiner Finger,
Mond und Sterne, die du befestigst:
Was ist der Mensch, dass du an ihn denkst, des
Menschen Kind, dass du dich seiner annimmst?
Du hast ihn nur wenig geringer gemacht als Gott,
hast ihn mit Herrlichkeit und Ehre gekrönt.
Du hast ihn als Herrscher eingesetzt über das Werk
deiner Hände,
hast ihm alles zu Füßen gelegt:
all die Schafe, Ziegen und Rinder und auch die
wilden Tiere,
die Vögel des Himmels und die Fische im Meer, alles,
was auf den Pfaden der Meere dahinzieht.
Herr, unser Herrscher, wie gewaltig ist dein Name
auf der ganzen Erde!

Ps 8

Lebensbezug

Du bist eingeladen, bei einem Podiumsgespräch oder in einer Talkshow Auskunft darüber zu geben, was dich und dein Leben als Christin oder Christ besonders kennzeichnet und was es für deinen Alltag bedeutet, so zu leben. Woran können Menschen erkennen, dass du christlich lebst? Was wirst du sagen?

Worum es geht

Die beiden Erzählungen am Anfang der Bibel von der Erschaffung der Menschen (▸ Gen 1 und ▸ Gen 2) kann man nicht wortwörtlich verstehen. In ihnen geht es nicht um die biologische Frage, wie der Mensch entstanden ist. Vielmehr steht im Mittelpunkt die Deutung des Menschen: Was ist das Menschliche am Menschen, was ist sein Wesen oder sein Charakter?

Der Mensch ist irdisch, ein Teil dieser Erde. Er stammt von der Erde und wird nach seinem Tod wieder zu Erde. Deswegen ist jeder Mensch ein Adam, was »Erdling« heißt und eben nicht »Mann«. Zugleich wird der Mensch als himmlisch gesehen. Der menschliche Atem, der kommt und geht, wird mit Gottes Geist identifiziert. Gott atmet sozusagen im Menschen. Auf diese Weise hält Gott den Menschen andauernd am Leben und erschafft ihn ununterbrochen neu.

In jedem Menschen wirkt die schöpferische Kraft Gottes. Deswegen ist jeder Mensch eine Eva, was »Lebensspenderin« heißt und eben nicht »Frau«. Jeder Mensch hat die Aufgabe, das Gottesgeschenk des Lebens weiterzugeben, auf welche Weise auch immer das geschieht.

Der Mensch ist Geschöpf, Gott ist der Schöpfer. Daher hat der Mensch eine ganz besondere Würde, er wird als Gottes Ebenbild gesehen. Gott schafft sich im Menschen ein Gegenüber. Gott und Mensch gehören und wirken zusammen, die Welt ist ihr gemeinsames Werk. Diese Würde kann der Mensch niemals verlieren.

Der Mensch ist ein Gemeinschaftswesen. Kein Mensch kann alleine bestehen. Um ganz Mensch sein zu können, brauchen die Menschen einander. Dies wird besonders gut erfahrbar in der spannungsreichen Gegensätzlichkeit von Mann und Frau.

Der Mensch ist in diesem Rahmen frei. Er kann darin sein Leben und die Welt gestalten. Diese begrenzte Freiheit ist ein hohes Gut, das immer auch in Gefahr ist, wenn Menschen die Grenzen missachten und das menschliche Maß vergessen. Die Geschichte der Menschen mit Gott ist jedoch eine Freiheitsgeschichte. Gott will die Freiheit der Menschen und setzt sich dafür ein.

Der Mensch ist zum erfüllten Leben mit Gott geschaffen und nicht zur Sklaverei oder zum Tod. Gott ist ein Gott des Lebens. Er befreit den Menschen aus der Sklaverei der Unterdrückung und des Todes. Dafür stehen die Erzählungen vom Exodus aus Ägypten und von der Auferstehung Jesu.

Im Gegensatz zu den biblischen Vorstellungen vom Menschen stehen solche Menschenbilder, wonach der Mensch nicht geschaffen ist, in absoluter Freiheit existiert und ohne Gott lebt. Das bedeutet, dem Menschen sind keine Grenzen gesetzt, da es keinen Gott gibt, der sein Leben geschaffen hat.

Basistext: Die Ur-Erfahrung Israels

Mein Vater war ein heimatloser Aramäer. Er zog nach Ägypten, lebte dort als Fremder mit wenigen Leuten und wurde dort zu einem großen, mächtigen und zahlreichen Volk. Die Ägypter behandelten uns schlecht, machten uns rechtlos und legten uns harte Fronarbeit auf. Wir schrien zum Herrn, dem Gott unserer Väter, und der Herr hörte unser Schreien und sah unsere Rechtlosigkeit, unsere Arbeitslast und unsere Bedrängnis. Der Herr führte uns mit starker Hand und hoch erhobenem Arm, unter großem Schrecken, unter Zeichen und Wundern aus Ägypten, er brachte uns an diese Stätte und gab uns dieses Land, ein Land, in dem Milch und Honig fließen.

Dtn 26,5–9

Lebensbezug

Bekannt ist das Lied »Über den Wolken muss die Freiheit wohl grenzenlos sein.« Viele Menschen meinen, sie könnten nur dann richtig frei sein, wenn ihnen keine Grenzen mehr gesetzt sind. Du schreibst einen Liedtext, in dem du das christliche Verständnis der Freiheit zum Ausdruck bringst.

Worum es geht

In der modernen Welt erbringen Wissenschaft und Technik enorme Leistungen. Die Menschen haben anscheinend nahezu unbegrenzte Möglichkeiten, die Welt und das Leben zu gestalten. Umso wichtiger ist es, die Verantwortung für das eigene Handeln zu sehen. Denn es stimmt der Grundsatz: Wir dürfen nicht alles, was wir können. Besonders deutlich wird dies im Umgang mit der Schöpfung. Was auch immer Menschen tun, hat Einfluss auf die Umwelt und alle anderen Lebewesen. Das gilt im privaten, alltäglichen Bereich, z. B. beim Konsum, ebenso wie im globalen Kontext. Christinnen und Christen stehen dafür ein, dass die Schöpfung zu ihrem Recht kommt.

Jeder Mensch wird irgendwann und irgendwie schuldig. Das ist unausweichlich. Eines der großen Lebensthemen eines jeden Menschen ist daher der Umgang mit Schuld. Es kommt darauf an, die eigene Schuld offen und ehrlich wahrzunehmen und anzusprechen. Überall dort, wo das nicht geschieht, wo Schuld verdrängt und nicht ernst genommen wird, entsteht Unheil. Entweder werden Menschen deswegen krank oder sie suchen sich einen Sündenbock und projizieren ihre Schuld auf andere, die sie dann womöglich verfolgen.
Wir wissen, dass wir auf Vergebung angewiesen sind. Eigene Schuld können wir nicht beseitigen; wir können uns nicht selbst entschuldigen. Christinnen und Christen leben aus dem Vertrauen, dass Gott den Menschen die Schuld abnimmt, dass Gott Schuld vergibt. Dieses Erbarmen Gottes mit den Menschen ist grenzenlos. Die Aufgabe des Menschen ist es, diesem Erbarmen zu vertrauen. Das klingt zunächst einfacher, als es ist. Denn wenn ich mich der Vergebung Gottes wirklich ganz und gar überlasse, gebe ich meine Selbstbehauptung auf und stehe zu meiner Ohnmacht. Dabei gilt das Paradox: Je größer die Ohnmacht, umso größer die Vergebung. Das ist die wichtigste Haltung des Glaubens: sich ganz Gott anvertrauen.

Weil Christinnen und Christen bekennen und erfahren, dass Gott Vergebung schenkt, können sie ebenfalls vergeben. Wem vergeben wurde, der ist frei und muss sich nicht verbergen hinter Ausflüchten und Schutzbehauptungen. Die Fähigkeit und Bereitschaft zu vergeben ist geradezu ein typisches Kennzeichen des christlichen Lebens.

Zur Freiheit der Menschen gehören Entscheidungen. Wir können uns nicht nicht entscheiden. Manchmal geraten wir in Dilemmasituationen, in denen von Anfang an klar ist, dass wir schuldig werden, wie auch immer wir uns entscheiden. Das gilt insbesondere für den Umgang mit Sterben und Tod. Die Fragen nach Sterbehilfe, nach Hilfe (Begleitung) beim Sterben oder Hilfe (Unterstützung) zum Sterben stellen eine große Herausforderung dar. Christinnen und Christen orientieren sich an den biblischen Maßstäben, dass Gott ein Gott des Lebens ist. Jedes Leben ist wertvoll, auch wenn es vermeintlich wertlos oder sinnlos erscheint, z. B. bei einer unheilbaren Krankheit oder bei massiven Behinderungen.

Basistext: Das Magnifikat

Meine Seele preist die Größe des Herrn, und mein Geist jubelt über Gott, meinen Retter. Denn auf die Niedrigkeit seiner Magd hat er geschaut. Siehe, von nun an preisen mich selig alle Geschlechter. Denn der Mächtige hat Großes an mir getan, und sein Name ist heilig. Er erbarmt sich von Geschlecht zu Geschlecht über alle, die ihn fürchten. Er vollbringt mit seinem Arm machtvolle Taten: Er zerstreut, die im Herzen voll Hochmut sind; er stürzt die Mächtigen vom Thron und erhöht die Niedrigen. Die Hungernden beschenkt er mit seinen Gaben und lässt die Reichen leer ausgehen. Er nimmt sich seines Knechtes Israel an und denkt an sein Erbarmen, das er unsern Vätern verheißen hat, Abraham und seinen Nachkommen auf ewig.

Lk 1,46–55

Lebensbezug

Du bist im Kontakt mit einem Menschen, der unheilbar krank ist und sterben möchte. Ihr führt ein Gespräch, in dem alle Aspekte von Leben und Tod angesprochen werden. Was wirst du sagen?
Eine Person aus deinem Freundeskreis macht sich schuldig, steht aber nicht dazu, während andere beschuldigt werden. Du gehst auf diese Person zu, um sie zu bewegen, Verantwortung zu übernehmen. Wie gehst du vor?

Worum es geht

»Carpe diem« – nutze den Tag. In diesem Slogan zeigt sich eine Einstellung, der viele Menschen der Gegenwart folgen. Ihnen ist es in erster Linie wichtig, das Leben zu genießen und alles auszukosten, so lange und so gut es eben geht. Die Erfahrung lehrt jedoch, dass in dieser meist materialistischen Auffassung die Frage nach dem Sinn des Lebens viel zu kurz kommt. Wenn Christinnen und Christen hier eher Bedenken äußern, dann tun sie das nicht, weil sie keinen Spaß am Leben hätten oder nicht genießen könnten. Vielmehr machen sie darauf aufmerksam, dass der Sinn des Lebens gerade nicht im Konsum liegt, sondern in den lebendigen Beziehungen unter den Menschen und zu Gott, in der Liebe. Gottesliebe und Nächstenliebe bilden eine untrennbare Einheit. Wer sich wirklich und ehrlich auf seine Mitmenschen und auf Gott einlässt, wer sich z.B. für andere Menschen einsetzt, wird schnell spüren, dass hier die Erfüllung des Lebens zu finden ist.

Wer jung ist und gut aussieht, dem öffnen sich meist alle Türen des Erfolgs. Die Medien vermitteln solche Vorstellungen von einer Welt der Reichen, Schönen und Mächtigen besonders stark. Auch Kinder und Jugendliche kennen das. Diejenigen in der Gruppe sind anerkannt oder werden bewundert, die attraktiv, sportlich und immer gut drauf sind. Die Schattenseiten des Lebens jedoch werden ausgeblendet, sie kommen nicht vor, trüben sie doch das »Outfit«. Dabei gehören auch sie zum Leben dazu. Menschen werden nur dann wirklich Menschen sein, wenn sie die dunklen Seiten ihres Lebens ebenso zulassen wie die hellen. Trauer und Angst gehören zum Leben wie Freude und Glück.

Christinnen und Christen leben auf der Basis des Glaubens, dass Gott sie liebt, ohne dass sie dafür irgendeine Leistung erbringen müssten. Im Leben der Menschen untereinander ist das in der Regel anders. Unsere Gesellschaft ist geprägt vom Leistungsdenken. Diejenigen haben Ansehen und Geltung, die es zu etwas gebracht haben; sei es im Beruf oder im privaten Leben.

Der christliche Glaube vergleicht die Beziehung Gottes zu den Menschen mit einem Bund. Gott hat sich an die Menschen gebunden, fast so wie bei einem Vertrag. Gott hat sich selbst verpflichtet, für die Menschen da zu sein und sich um sie zu kümmern. Dieser Bund hat Bestand, was auch immer geschieht. Von sich aus – so die Zusage – wird Gott diesen Bund niemals aufkündigen.
Im Judentum geht dieser Bund auf Abraham und auf Mose zurück. Der jüdische Glaube vertraut darauf, dass Gottes Bund mit Abraham bis heute gilt, ebenso der Bund zwischen Gott und seinem Volk (bzw. Mose) am Sinai. Aus dem mehrfachen Bundesschluss Gottes mit seinem Volk Israel ergeben sich für Juden verbindliche Rechte und Pflichten, die bis heute Geltung haben.

Basistext: Die Vision vom Reich Gottes

Ja, vergessen sind die früheren Nöte, sie sind meinen Augen entschwunden. Denn schon erschaffe ich einen neuen Himmel und eine neue Erde. Man wird nicht mehr an das Frühere denken, es kommt niemand mehr in den Sinn. Nein, ihr sollt euch ohne Ende freuen und jubeln über das, was ich erschaffe. Denn ich mache aus Jerusalem Jubel und aus seinen Einwohnern Freude. Ich will über Jerusalem jubeln und mich freuen über mein Volk. Nie mehr hört man dort lautes Weinen und lautes Klagen. Dort gibt es keinen Säugling mehr, der nur wenige Tage lebt, und keinen Greis, der nicht das volle Alter erreicht; wer als Hundertjähriger stirbt, gilt noch als jung, und wer nicht hundert Jahre alt wird, gilt als verflucht. Sie werden Häuser bauen und selbst darin wohnen, sie werden Reben pflanzen und selbst ihre Früchte genießen. Sie bauen nicht, damit ein anderer in ihrem Haus wohnt, und sie pflanzen nicht, damit ein anderer die Früchte genießt. In meinem Volk werden die Menschen so alt wie die Bäume. Was meine Auserwählten mit eigenen Händen erarbeitet haben, werden sie selber verbrauchen. Sie arbeiten nicht mehr vergebens, sie bringen nicht Kinder zur Welt für einen jähen Tod. Denn sie sind die Nachkommen der vom Herrn Gesegneten und ihre Sprösslinge zusammen mit ihnen.

Jes 65,17–23

Lebensbezug

»Eine andere Welt ist möglich.« Du verfasst aus christlicher Perspektive ein Plädoyer für eine Gesellschaft ohne Leistungsdruck. Dabei setzt du dich mit den Vertretern der Leistungsgesellschaft kritisch auseinander.

Worum es geht

Für Christinnen und Christen ist die entscheidende Frage, was sie selbst tun können, damit Menschen in Freiheit und mit Hoffnung leben können. Der christlich motivierte Einsatz für die Bewahrung der Schöpfung ist daher sehr vielfältig. Es gibt jährliche Aktionen, wie die Woche für das Leben, oder die Friedensdekade. Die *Bischofskonferenz* und die einzelnen Diözesen haben eigene Umweltbeauftragte. Der *Ökumenische Rat der Kirchen* (ÖRK) oder die *Arbeitsgemeinschaft christlicher Kirchen* (ACK) machen aktuelle Anliegen zum Thema: den Klimawandel, den Umweltschutz, die Bioethik, ethische Geldanlagen, die Gestaltung umweltbewussten Lebens u.v.a.m. Die großen kirchlichen Hilfsorganisationen fördern zahlreiche dieser Initiativen. Auch einzelne Persönlichkeiten engagieren sich aus christlicher Motivation heraus entweder in Nichtregierungsorganisationen (NGOs) oder in eigenen Initiativen, so Rupert Neudeck, Erwin Kräutler oder Luis Cappio. Aus der Geschichte ist insbesondere Albert Schweitzer mit seinem Hospital in Lambarene bekannt.

Lebensbezug

In deiner Lerngruppe, Klasse oder Schule realisierst du zusammen mit anderen ein Projekt zum Schöpfungsauftrag.
»Du kannst dein Leben ändern«: Du prüfst deinen eigenen Lebensstil und formulierst konkrete Schritte, die du selbst tun kannst.
Du setzt dich mit Lebensentwürfen von christlich engagierten Persönlichkeiten der Gegenwart auseinander.
Du kennst dich auf den folgenden Seiten aus und kannst sie interessierten Mitschülerinnen und Mitschülern vorstellen:

- www.bessereweltlinks.de
- www.wir-ernten-was-wir-saeen.de
- www.misereor.de/aktionen.html
- www.katholisch.de/43894.html
- www.woche-fuer-das-leben.de
- www.oikoumene.org/de/oerk.html
- www.oekumene-ack.de/index.html
- www.oikocredit.org/de/home
- www.eineweltfueralle.de

Basistext: Die Neuschöpfung Gottes

Dann sah ich einen neuen Himmel und eine neue Erde; denn der erste Himmel und die erste Erde sind vergangen, auch das Meer ist nicht mehr. Ich sah die heilige Stadt, das neue Jerusalem, von Gott her aus dem Himmel herabkommen; sie war bereit wie eine Braut, die sich für ihren Mann geschmückt hat. Da hörte ich eine laute Stimme vom Thron her rufen: Seht, die Wohnung Gottes unter den Menschen!
Er wird in ihrer Mitte wohnen, und sie werden sein Volk sein; und er, Gott, wird bei ihnen sein. Er wird alle Tränen von ihren Augen abwischen: Der Tod wird nicht mehr sein, keine Trauer, keine Klage, keine Mühsal. Denn was früher war, ist vergangen. Er, der auf dem Thron saß, sprach: Seht, ich mache alles neu. Und er sagte: Schreib es auf, denn diese Worte sind zuverlässig und wahr. Er sagte zu mir: Sie sind in Erfüllung gegangen. Ich bin das Alpha und das Omega, der Anfang und das Ende. Wer durstig ist, den werde ich umsonst aus der Quelle trinken lassen, aus der das Wasser des Lebens strömt.

Offb 21,1–6

2

IN DER GEGENWART GOTTES LEBEN

Worum es geht

Weltweit ist Religion ein großes und selbstverständliches Thema. In der westlichen Welt, besonders in Mitteleuropa, wird das oft übersehen. Hier meinen viele, Religion würde mehr und mehr verschwinden. Doch ein sehr großer Teil der Menschheit ist religiös. Auch in unserem Kulturkreis finden sich unzählige religiöse Zeugnisse. So gibt es in allen Orten Kirchengebäude und an vielen Straßen oder auf Feldern stehen Kapellen oder Wegkreuze. Der Rhythmus der Woche und die Feste im Jahreskreis haben einen religiösen Ursprung. Ein Blick in die Museen zeigt, dass sich die bildende Kunst der Vergangenheit und der Gegenwart immer wieder auf die Religion bezieht. In der Literatur ist es ähnlich, sehr viele Romane oder Erzählungen thematisieren Religion oder den Glauben an Gott. Ebenso ist es im Film, in der Musik wie überhaupt in den modernen Medien. Die Welt ist voller Religion. Dabei sind die Religionen sehr unterschiedlich. Die großen monotheistischen Religionen Judentum, Christentum und Islam bekennen den einen Gott, der Ursprung und Ziel der Schöpfung und des Lebens ist. Die asiatischen Religionen kennen entweder eine unüberschaubare Fülle von Gottheiten als Ausdruck des Göttlichen (Hinduismus) oder sie verzichten auf die Vorstellung von Gott (Buddhismus). An vielen Orten der Welt verehren Menschen ihre Ahnen oder die Geister in der belebten Natur (Schamanismus).
Auch die Vorstellungen der Menschen von Gott sind vielfältig, zum Teil auch innerhalb der Religionen selbst. Das Judentum und der Islam betonen die Einheit Gottes. Das Christentum macht deutlich, dass Gott seinem Wesen nach Gemeinschaft ist, die sich in drei Personen (Vater, Sohn und Geist) zeigt. Viele Menschen können oder wollen sich Gott nicht als Person im Sinne eines ansprechbaren Du vorstellen. Sie sehen in Gott eine elementare Kraft oder Macht, eine Art Ur-Prinzip, das alles bestimmt und erhält.
So unterschiedlich die geschichtlichen und kulturellen Vorstellungen der Menschen von Gott oder dem Göttlichen auch sind, in alldem zeigt sich die Grunderfahrung, dass die vorfindliche Welt allein aus sich selbst keinen Bestand hat. Die Wirklichkeit ist viel umfassender und größer.
Diese Glaubenshaltung ist jedoch nicht selbstverständlich. Es gibt zum Teil auch massive Anfragen an die Gottesvorstellungen wie an die Religion überhaupt, z.B. von so bedeutenden Philosophen wie Feuerbach, Marx oder Nietzsche. Und nicht wenige moderne Menschen trauen dem Gottesglauben gar nicht. Für sie zählt einzig und allein, was naturwissenschaftlich nachweisbar ist.
Schließlich werden selbst innerhalb der Religionen und Glaubensgemeinschaften kritische Fragen gestellt: Warum lässt Gott das unendliche Elend und Leid in der Welt zu? Wäre es für Gott nicht ein Leichtes, einzugreifen und für Erlösung und Gerechtigkeit zu sorgen? Oder schaut Gott gar nur zu und überlässt die Welt ihrem Schicksal?

Basistext: Gottes Selbstoffenbarung

Mose weidete die Schafe und Ziegen seines Schwiegervaters Jitro, des Priesters von Midian. Eines Tages trieb er das Vieh über die Steppe hinaus und kam zum Gottesberg Horeb. Dort erschien ihm der Engel des Herrn in einer Flamme, die aus einem Dornbusch emporschlug. Er schaute hin: Da brannte der Dornbusch und verbrannte doch nicht. [...]
Als der Herr sah, dass Mose näher kam, um sich das anzusehen, rief Gott ihm aus dem Dornbusch zu: Mose, Mose! Er antwortete: Hier bin ich. Der Herr sagte: Komm nicht näher heran! Leg deine Schuhe ab; denn der Ort, wo du stehst, ist heiliger Boden. Dann fuhr er fort: Ich bin der Gott deines Vaters, der Gott Abrahams, der Gott Isaaks und der Gott Jakobs. [...]
Ich habe das Elend meines Volkes in Ägypten gesehen, und ihre laute Klage über ihre Antreiber habe ich gehört. Ich kenne ihr Leid. Ich bin herabgestiegen, um sie der Hand der Ägypter zu entreißen und aus jenem Land hinaufzuführen in ein schönes, weites Land, in ein Land, in dem Milch und Honig fließen [...].
Da sagte Mose zu Gott: Gut, ich werde also zu den Israeliten kommen und ihnen sagen: Der Gott eurer Väter hat mich zu euch gesandt. Da werden sie mich fragen: Wie heißt er? Was soll ich ihnen darauf sagen? Da antwortete Gott dem Mose: Ich bin der »Ich-bin-da«. Und er fuhr fort: So sollst du zu den Israeliten sagen: Der »Ich-bin-da« hat mich zu euch gesandt. [...]

Ex 3,1–15

Lebensbezug

»Religion ist ein weit verbreiteter Teil der Wirklichkeit.« Als Beleg für die These kannst du weltweite und regionale Hinweise anführen und beschreiben.

Worum es geht

Wenn Menschen von Gott sprechen, verwenden sie in der Regel sprachliche Bilder oder Metaphern. Gott wird als Vater oder Mutter bezeichnet, als Hirte oder König, als Anwalt oder Richter, als Burg oder Fels, als Quelle oder Licht. Alle diese Bilder haben gemeinsam, dass sie zwar helfen können, die menschlichen Erfahrungen mit Gott oder Gottes Wirken in der Welt zu benennen. Sie sind jedoch nicht geeignet, das Wesen Gottes zu erfassen – das ist unmöglich.

Gott ist unverfügbar und lässt sich nicht auf den Begriff bringen. Genau das meint das sogenannte Bilderverbot aus dem Dekalog (▸ Ex 20). Es bedeutet nicht, dass wir überhaupt keine Vorstellung von Gott haben dürften. Vielmehr warnt die Bibel davor, die eigenen Gottesbilder absolut zu setzen und womöglich gegen andere auszuspielen oder Gott auf unsere Perspektive zu reduzieren.

Gerade weil die Versuchung sehr groß ist, Gott für menschliche Interessen und Ziele zu verwenden, fordert die Bibel dazu auf, die eigenen Gottesbilder sehr vorsichtig zu gebrauchen. So heißt es im Dekalog auch: »Du sollst den Namen Gottes nicht missbrauchen.« Andererseits können wir Gottes Namen durchaus gebrauchen, in Metaphern, Bildern und Vergleichen. Menschliche Rede von Gott setzt also eine große Verantwortung, Achtsamkeit und Ehrfurcht voraus. Im Gebet wird dies besonders deutlich.

Neben den zahlreichen positiven Bildern von Gott gibt es in der Bibel auch solche, die für moderne Menschen problematisch sind. Darin wird Gott z. B. als wütender Kriegsherr oder als eifersüchtiger Rächer bezeichnet, der straft und verfolgt. Solche Vergleiche sagen meist mehr über die Menschen aus, die sie verwenden, als über Gott selbst. Biblische Texte müssen also immer auch in ihrem jeweiligen geschichtlichen Zusammenhang gelesen und gedeutet werden.

Wer auf diese Weise sorgfältig und historisch-kritisch mit den biblischen Texten umgeht (wie übrigens mit allen anderen Texten auch), wird die unterschiedlichen Erfahrungen der Menschen mit Gott besser einordnen können als diejenigen, die die Texte wortwörtlich verstehen. Hinzu kommt, dass die 73 Bücher der Bibel unterschiedliche Textgattungen enthalten. Viele Texte sind lyrisch oder mythologisch geprägt. Wer z. B. die ersten beiden Kapitel der Bibel (▸ Gen 1 und ▸ 2) wie historische oder gar naturwissenschaftliche Berichte liest, verfehlt deren Sinn völlig. Auch hier ist eine genaue Unterscheidung wichtig, um die jeweiligen Aussagen richtig einzuordnen.

Gott ist kein Teil dieser Welt. Deswegen sind naturwissenschaftliche Aussagen über Gott nicht möglich. Die Existenz Gottes lässt sich ebenso wenig nachweisen oder beweisen wie Gottes Nicht-Existenz. Der einzige Weg zu Gott sind das Beten und der Glaube. Wer glaubt, wird sich jedoch immer auch selbst fragen und fragen lassen, was es mit dem eigenen Glauben auf sich hat. Insofern lässt sich über den Glauben auch rational nachdenken. Zum eigenen Glauben Auskunft zu geben, ist eine lebenslange Aufgabe.

Basistext: Gott, der gute Hirte

Der Herr ist mein Hirte, nichts wird mir fehlen. Er lässt mich lagern auf grünen Auen und führt mich zum Ruheplatz am Wasser. Er stillt mein Verlangen; er leitet mich auf rechten Pfaden, treu seinem Namen. Muss ich auch wandern in finsterer Schlucht, ich fürchte kein Unheil; denn du bist bei mir, dein Stock und dein Stab geben mir Zuversicht. Du deckst mir den Tisch vor den Augen meiner Feinde. Du salbst mein Haupt mit Öl, du füllst mir reichlich den Becher. Lauter Güte und Huld werden mir folgen mein Leben lang, und im Haus des Herrn darf ich wohnen für lange Zeit.

Ps 23

Lebensbezug

Mitschülerinnen und Mitschüler halten dir vor, dass du als Christin oder Christ dich nicht an die Bibel hältst, wenn du von Gott als Mutter sprichst. Du kannst ihnen erklären, was es aus christlicher Perspektive bedeutet, von Gott in Bildern zu sprechen. Mitschülerinnen und Mitschüler, die nicht an Gott glauben, wollen von dir wissen, warum du glaubst. Du gibst ihnen Auskunft über den christlichen Gottesglauben.

Worum es geht

Glaube versetzt Berge, so heißt es. Tatsächlich gibt es immer wieder Menschen, deren Lebens- und Glaubensgeschichte sehr anschaulich zeigt, was der Gottesglaube bewirken kann. Einerseits sind da die zahllosen »offiziellen« Heiligen, die von der Kirche als Vorbilder verehrt werden: Paulus, Benedikt von Nursia, Hildegard von Bingen, Franziskus und Clara von Assisi, Teresa von Ávila u.v.a.m. Auch wenn sie vor langer Zeit lebten, haben ihre Erfahrungen uns Heutigen vieles zu sagen. Und dann gibt es die vielen Menschen, die ihren Glauben ganz unspektakulär, aber überzeugend leben. Der Maßstab ihres Lebens ist die Liebe. Sie sagen, was sie im Glauben fühlen und denken, und sie tun, was sie im Glauben bekennen. Sie sind »local heroes«; wer sich umschaut, wird sie auch in der eigenen Umgebung entdecken.

Gott ist die Liebe (1 Joh 4,8). Dieser einfache und faszinierende Satz ist der Kern des Evangeliums Jesu von Nazaret. In seinen Worten und Taten hat er diese Botschaft immer wieder zum Thema gemacht, in den heilenden wie in den aufbauenden und stärkenden Begegnungen mit den Menschen seiner Zeit. Gott zeigt sich den Menschen als liebende Mutter oder liebender Vater. Auch die Gleichnisse Jesu kreisen um dieses Bekenntnis. Und Paulus setzt noch eins drauf. Was auch immer geschehen mag: Nichts, aber auch gar nichts kann uns von dieser Liebe Gottes trennen (Röm 8,39). Gibt es eine größere Zusage?

Doch es ist merkwürdig: Nicht wenige Menschen tun sich schwer mit der Liebe Gottes. Sie können oder wollen es sich nicht vorstellen, dass diese Liebe tatsächlich grenzenlos ist. Also errichten sie Mauern und Zäune, grenzen andere Menschen aus und geben vor, die Liebe Gottes nach eigenen Vorstellungen zuteilen oder beschränken zu können. Sie machen ihr kleines menschliches Maß zum Maß aller Dinge und verhalten sich unbarmherzig und gnadenlos. Damit heben sie die Einheit der Nächsten-, Gottes- und Selbstliebe auf. Die Botschaft der Bibel ist eindeutig: »Wir wollen einander lieben; denn die Liebe ist aus Gott, und jeder, der liebt, stammt von Gott und erkennt Gott. Wer nicht liebt, hat Gott nicht erkannt; denn Gott ist die Liebe« (1 Joh 4,7 f.).

Christinnen und Christen sind überzeugt, dass die grenzenlose Liebe Gottes, die ihnen zugesagt ist, nicht ohne Konsequenzen für das alltägliche Leben bleiben kann. Wie sollte es auch anders sein? Wer sich derart von Gott geliebt weiß, wird auch seinerseits liebevoll mit den Menschen seiner Umgebung umgehen, denn sie sind Schwestern und Brüder. Das bedeutet auch, sich überall dort, wo es angesagt ist, für Recht und Gerechtigkeit einzusetzen. Deswegen ist aus christlicher Perspektive der Gottesglaube ganz sicher keine reine Privatsache. Vielmehr hat er auch immer gesellschaftliche Seiten. Die Liebe zu Gott und zu den Menschen lässt sich nicht voneinander trennen. »Freude und Hoffnung, Trauer und Angst der Menschen von heute, besonders der Armen und Bedrängten aller Art, sind auch Freude und Hoffnung, Trauer und Angst der Jünger Christi. Und es gibt nichts wahrhaft Menschliches, das nicht in ihren Herzen seinen Widerhall fände« (Lumen gentium 1).

Basistext: Gott, wie Mutter und Vater

Als Israel jung war, gewann ich ihn lieb, ich rief meinen Sohn aus Ägypten. Je mehr ich sie rief, desto mehr liefen sie von mir weg. Sie opferten den Baalen und brachten den Götterbildern Rauchopfer dar. Ich war es, der Efraim gehen lehrte, ich nahm ihn auf meine Arme. Sie aber haben nicht erkannt, dass ich sie heilen wollte. Mit menschlichen Fesseln zog ich sie an mich, mit den Ketten der Liebe. Ich war da für sie wie die (Mutter), die den Säugling an ihre Brust hebt. Ich neigte mich ihm zu und gab ihm zu essen.

Hos 11,1–4

Lebensbezug

Viele Zeitgenossen meinen, Religion sei reine Privatsache; schon gar nicht habe sie etwas mit Politik zu tun. In einem Streitgespräch gibst du Auskunft über die politische Dimension des Gottesglaubens. Von den Heiligen der Kirche wie von den »local heroes« bist du mit je drei Personen so vertraut, dass du sie umfassend vorstellen kannst:

- www.phil.uni-passau.de/local_heroes/
- http://heiligenlexikon.de/

Worum es geht

Die Kunst ist ein Königsweg der Religion. Immer schon haben Menschen religiöse Situationen künstlerisch zum Ausdruck gebracht. Die westliche Kultur ist entscheidend geprägt durch das Christentum. Im Laufe der Jahrhunderte sind Kunstwerke von beeindruckender Kraft entstanden, so das Abendmahl von Leonardo da Vinci, der Isenheimer Altar von Matthias Grünewald oder die Pietà von Michelangelo. Religiöse Kunstwerke der Gegenwart oder solche, die sich mit Religion auseinandersetzen, sind manchmal ziemlich umstritten; so das vielfarbige Fenster im Südquerhaus des Kölner Doms von Gerhard Richter. Stets stellt sich die Frage, wie solche Kunstwerke und ihre Wirkungen auf die Menschen zu bewerten sind.

Religiöse Motive gehören auch zum alltäglichen Erscheinungsbild der Medien bis hin zur Werbung. Die Macht der religiösen Bilder wird für vielfältige Zwecke eingesetzt. Hin und wieder werden dabei auch die Grenzen des guten Geschmacks überschritten, sei es in provokanten Karikaturen oder in anzüglichen Videoclips. Ganz offensichtlich lädt der religiöse Bereich zu solchen Grenzüberschreitungen ein. Hier zeigt sich, dass das Heilige – auch wenn es abgelehnt wird – Gegenstand der Auseinandersetzung ist und bleibt. Christinnen und Christen haben von Anfang an die produktive Auseinandersetzung mit der jeweiligen Kultur gesucht. Sie werden dem kontroversen Gespräch nicht ausweichen.

Dass der Gottesglaube kritisch infrage gestellt oder gar bekämpft wird, ist nicht neu. Gegenwärtig gibt es vor allem zwei atheistische Positionen. Am heftigsten wird die Religion von einigen (populären) Naturwissenschaftlern kritisiert, die ihre Erkenntnisse auf den Bereich der Religion übertragen (z.B. Richard Dawkins und Stephen Hawking). Für sie gilt lediglich das, was sich empirisch feststellen lässt. Alles andere wird als bedeutungslos oder gar gefährlich angesehen und deswegen abgelehnt. Daneben gibt es einige (populäre) Philosophen (z.B. Michael Schmidt-Salomon und Thomas Metzinger), die die Religion bekämpfen, weil sie diese für unmenschlich halten. Ihrer Meinung nach widersprechen die Religionen den Einsichten der philosophischen Aufklärung und müssen abgeschafft werden, weil sie die Menschen bevormunden und einschränken würden.

Beiden naturalistischen Positionen gegenüber kann erwidert werden, dass es immer verschiedene Zugänge zur Wirklichkeit gibt, die man nicht gegeneinander ausspielen darf; der naturwissenschaftliche Weg ist genauso berechtigt wie der religiöse. Auch muss betont werden, dass die Religion selbst sehr kritisch ist gegenüber jeder Form von Einschränkung der Freiheit, z.B. durch Götzenkult im Alltag, wenn Dinge dieser Welt absolut gesetzt werden; denn Gott allein ist absolut. Diese Kritik gehört sozusagen zum inneren Kern des biblischen Glaubens. Sehr deutlich kommt das in der Exodus-Erzählung zum Ausdruck. Gott ist ein Gott der Freiheit und nicht der Sklaverei.

Basistext: Der barmherzige Vater

Weiter sagte Jesus: Ein Mann hatte zwei Söhne. Der jüngere von ihnen sagte zu seinem Vater: Vater, gib mir das Erbteil, das mir zusteht. Da teilte der Vater das Vermögen auf. Nach wenigen Tagen packte der jüngere Sohn alles zusammen und zog in ein fernes Land. Dort führte er ein zügelloses Leben und verschleuderte sein Vermögen. Als er alles durchgebracht hatte, kam eine große Hungersnot über das Land, und es ging ihm sehr schlecht. [...]
Dann brach er auf und ging zu seinem Vater. Der Vater sah ihn schon von Weitem kommen, und er hatte Mitleid mit ihm. Er lief dem Sohn entgegen, fiel ihm um den Hals und küsste ihn. Da sagte der Sohn: Vater, ich habe mich gegen den Himmel und gegen dich versündigt; ich bin nicht mehr wert, dein Sohn zu sein. Der Vater aber sagte zu seinen Knechten: Holt schnell das beste Gewand und zieht es ihm an, steckt ihm einen Ring an die Hand und zieht ihm Schuhe an. Bringt das Mastkalb her und schlachtet es; wir wollen essen und fröhlich sein. Denn mein Sohn war tot und lebt wieder; er war verloren und ist wiedergefunden worden. [...]

Lk 15,11–32

Lebensbezug

Die Homepage der Giordano-Bruno-Stiftung (www.schmidt-salomon.de) gibt Auskunft über das Programm des atheistischen Naturalismus. Du kannst dich damit auseinandersetzen.

Worum es geht

Beten ist »ein Verweilen bei einem Freund, mit dem wir oft allein zusammenkommen, einfach um bei ihm zu sein, weil wir sicher wissen, dass er uns liebt« (Teresa von Ávila). Menschen, die beten, leben in Freundschaft mit Gott. Das Gebet besteht dann darin, Gottes Gegenwart wahrzunehmen, ihr Raum zu geben und sie wirken zu lassen. Beten meint also nicht, viele Worte zu machen, ganz im Gegenteil, beten bedeutet schweigen. Selbstverständlich werden dabei auch die Dinge »zur Sprache« kommen, die einen Menschen innerlich bewegen. Es kommt jedoch nicht darauf an, nach passenden Worten zu suchen.

Eine Form des Gebets ist die Meditation. In der Meditation nehme ich mich selbst wahr, so wie ich da bin: meinen Körper, meinen Atem, den Boden, der mich trägt. Im Schweigen der Meditation lasse ich alles andere beiseite und achte nur darauf, wie ich jetzt im Augenblick gegenwärtig bin. Besonders hilfreich ist es dabei, dem eigenen Atem zu folgen. So kann sich meine Gegenwart der Gegenwart Gottes öffnen: Gott und ich, wir beide sind da.

Daneben gibt es solche Gebete, die im Laufe der Jahrhunderte entstanden sind: die Psalmen der Bibel z. B. oder das Vaterunser. Diese überlieferten Gebete sind auf dem Boden der religiösen Erfahrungen der Menschheit gewachsen. Sie sind wie kostbare Erbstücke. In ihnen ist ein spirituelles Potenzial enthalten, das meinen persönlichen Rahmen weit übersteigt. Deswegen können sie eine Hilfe sein für das eigene Gebet. Indem ich mich auf die Worte dieser Gebete einlasse, werde ich von ihnen getragen. Das Gebet nimmt mich mit, es betet in mir, ohne dass ich etwas dazu tun müsste.

Menschen, die gewohnt sind zu beten, werden im Laufe der Zeit ganz bestimmte persönliche Formen und Rituale pflegen. Sie werden einen eigenen Gebetsschatz gesammelt haben, aus dem sie schöpfen können. Diese Perlen des Glaubens prägen ihre persönliche Spiritualität. Im Laufe des Lebens werden sie sich zwar immer wieder ändern, ihre Mitte jedoch bleibt gleich: die lebendige Beziehung zu Gott.

Den eigenen Glauben in Wort und Tat öffentlich zu bekennen, ist für Christinnen und Christen eine lebenslange Aufgabe: »Seid stets bereit, jedem Rede und Antwort zu stehen, der nach der Hoffnung fragt, die euch erfüllt« (1 Petr 3,15). Es kommt darauf an, in dieser Welt zu leben, sie verantwortlich zu gestalten und zugleich auf die Welt Gottes hin ausgerichtet zu sein. Dieser Spagat (in dieser Welt – nicht von dieser Welt) ist eine große Herausforderung.

Darum geht es im Glaubensbekenntnis (lat.: Credo). In den ersten Jahrhunderten der Christenheit entstanden, hat es als Basis des christlichen Glaubens einen besonderen Stellenwert. Heutzutage ist der Text vielen Menschen fremd geworden. Sich damit auseinanderzusetzen, ist für jede Generation eine zentrale Aufgabe. Ein guter Weg ist es, den überlieferten Text des Credos bzw. die darin enthaltenen Glaubensaussagen in eigenen Worten zu formulieren.

Basistext: Das Vaterunser

Vater unser im Himmel, geheiligt werde dein Name. Dein Reich komme. Dein Wille geschehe wie im Himmel, so auf Erden. Unser tägliches Brot gib uns heute. Und vergib uns unsere Schuld, wie auch wir vergeben unsern Schuldigern. Und führe uns nicht in Versuchung, sondern erlöse uns von dem Bösen. Denn dein ist das Reich und die Kraft und die Herrlichkeit in Ewigkeit. Amen.

Vgl. Mt 6,9–13

Lebensbezug

»Das Gebet ist der Schlüssel für den Morgen und der Türriegel für den Abend« (Mahatma Gandhi). Du kannst Mitschülerinnen und Mitschülern erläutern, was Beten bedeutet und worauf es beim Beten ankommt, indem du ihnen fünf konkrete Tipps oder Hinweise zum Beten gibst.

3

MIT JESUS LEBEN

Worum es geht

Jesus war Jude. Als Kind jüdischer Eltern wurde er vermutlich in Nazaret geboren und ist dort in einer ländlichen Umgebung aufgewachsen, mit allen religiösen und kulturellen Gewohnheiten (Beschneidung und Bar Mizwa). Damals war Palästina mit den drei Regionen Galiläa, Samaria und Judäa Teil der römischen Provinz Syrien. Zwar gab es eine jüdische Monarchie, doch in Jerusalem regierte ein römischer Gouverneur. Die dortige jüdische Tempelaristokratie schwankte zwischen Anpassung und Revolte. Trotz der relativen (religiös-kulturellen) Autonomie, wie sie die Römer gewährten, wurde die politische Fremdherrschaft als Schmach erlebt; es gab politisch-religiös (messianisch) motivierte Widerstandsbewegungen und Aufstände.

Die Evangelien lassen darauf schließen, dass Jesus durch eine solide pharisäische Bildung geprägt wurde. Das Lesen der Tora, die Feier des Sabbats und der Besuch der Synagoge waren für ihn selbstverständlich. Den ihm als Sohn eines Handwerkers vorgegebenen Weg hat er als Erwachsener verlassen und sich zunächst der religiösen Bewegung Johannes des Täufers angeschlossen, die er jedoch nach einer persönlichen Berufungserfahrung bald verließ. Seine Botschaft lautete ab jetzt: »Die Zeit ist erfüllt, und das Reich Gottes ist herbeigekommen. Tut Buße und glaubt an das Evangelium!« (Mk 1,4).

Als Wanderprediger, anfangs am galiläischen See Gennesaret, versammelte er Anhänger (Jünger) um sich; darunter auch viele Frauen, ganz im Gegensatz zu den Gewohnheiten seiner Zeit. Seine Verkündigung hat die Menschen stark beeindruckt: »Als Jesus diese Rede beendet hatte, war die Menge sehr betroffen von seiner Lehre; denn er lehrte sie wie einer, der (göttliche) Vollmacht hat, und nicht wie ihre Schriftgelehrten« (Mt 7,28f.). Die Taten Jesu hatten eine ähnliche Wirkung: »Viele Menschen aus ganz Judäa und Jerusalem und dem Küstengebiet von Tyrus und Sidon strömten herbei. Sie alle wollten ihn hören und von ihren Krankheiten geheilt werden. Auch die von unreinen Geistern Geplagten wurden geheilt. Alle Leute versuchten, ihn zu berühren; denn es ging eine Kraft von ihm aus, die alle heilte« (Lk 6,17b–19).

Jesus hat aber auch Ablehnung provoziert. Durch bewusste öffentliche Zeichenhandlungen geriet er zunehmend in Auseinandersetzung mit den maßgeblichen Gruppierungen und religiösen Autoritäten, die in ihm eine Gefährdung ihrer politischen Interessen sahen. Die Pharisäer, denen er eigentlich nahestand, provozierte er, indem er das religiöse Sabbatgebot ignorierte: »Da gingen die Pharisäer hinaus und fassten zusammen mit den Anhängern des Herodes den Beschluss, Jesus umzubringen« (Mk 3,6). Seine Kritik am Tempelkult brachte die Sadduzäer gegen ihn auf. Vor dem Pessachfest im Jahr 30 oder 31 eskalierte der Konflikt und endete mit einem kurzen Prozess, in dessen Folge Jesus vom römischen Statthalter Pontius Pilatus zum Tod durch Kreuzigung verurteilt wurde.

Die Hinrichtung Jesu war für seine Anhänger zunächst eine Katastrophe. Sie hatten in ihm den Messias gesehen, deswegen ihr bisheriges Leben aufgegeben und waren ihm gefolgt. Umso erstaunlicher ist es, dass wohl schon bald nach Jesu Tod von ihnen das Bekenntnis formuliert wurde: Jesus lebt, er ist uns erschienen. Dieses Glaubensbekenntnis der Apostel war die Ursache für das Erstarken der Jesusbewegung, die von da an trotz zunehmender Diskriminierung stetig größer wurde. Bis in die Gegenwart hinein gehen Menschen auf dieses Auferstehungszeugnis hin den Jesusweg der liebenden Hingabe an Gott und die Menschen. Sie setzen sich ein für das Reich Gottes, für Gerechtigkeit, Frieden und die Bewahrung der Schöpfung.

Basistext: Jesu Worte und Taten

Er zog in ganz Galiläa umher, lehrte in den Synagogen, verkündete das Evangelium vom Reich Gottes und heilte im Volk alle Krankheiten und Leiden. Und sein Ruf verbreitete sich in ganz Syrien. Man brachte Kranke mit den verschiedensten Gebrechen und Leiden zu ihm, Besessene, Mondsüchtige und Gelähmte, und er heilte sie alle. Scharen von Menschen aus Galiläa, der Dekapolis, aus Jerusalem und Judäa und aus dem Gebiet jenseits des Jordan folgten ihm.

Mt 4,23–25

Lebensbezug

Die Botschaft Jesu von Nazaret ist in der Bergpredigt (Mt 5– 7) zusammengefasst. Du kennst dich aus und kannst die wesentlichen Aussagen beschreiben.

Worum es geht

Im Mittelpunkt der vier Evangelien (Mt, Mk, Lk, Joh) steht die Person Jesus von Nazaret. Allerdings sind diese biblischen Texte keine historischen Berichte oder gar Protokolle. Vielmehr handelt es sich um Glaubenszeugnisse, die einige Jahrzehnte nach dem Tod Jesu von den ersten Christinnen und Christen aus der mündlichen Überlieferung zusammengetragen wurden. Für die jungen Gemeinden war es überlebenswichtig, dass die persönlichen Bekenntnisse der Zeitgenossen Jesu nicht verloren gingen, deswegen wurden sie aufgeschrieben. Sie sind also gewissermaßen die Stimmen der Zeitzeugen und geben wieder, wie diese Jesus erlebt haben und was er für sie bedeutet hat.

Die Bibel ist ein geschichtlich gewachsenes Glaubensbuch. Bereits in der Hebräischen Bibel haben die Prophetinnen und Propheten Jahwes von Gottes Reich gesprochen (▸ Jes 11, ▸ Jer 31, ▸ Ez 37). Gott selbst bzw. sein Gesalbter (Messias / Christus) wird die Welt innerlich so umgestalten, dass alles in allem heil (ganz und unversehrt) sein wird. Die Bibel spricht hier vom Schalom, von umfassender Gerechtigkeit und vom ewigen Frieden. Äußeres Kennzeichen dieses von Gott am Ende der Zeiten herbeigeführten Schalom wird sein, dass die Kranken gesund werden: Blinde sehen, Lahme gehen, Taube hören und Aussätzige werden rein. In diesem Sinne bestätigen die Gleichnisse und Wunder Jesu seine Predigt; sie sind Hinweise darauf, dass das Reich Gottes gekommen ist bzw. begonnen hat (▸ Mt 11,2–6).

Das ultimative Zeichen der Reich-Gottes-Verkündigung ist die Auferweckung der Toten. Wenn der Tod überwunden ist, so der Glaube, dann ist Gottes Reich endgültig angebrochen. Der Tod und die Auferweckung Jesu sind daher die zentralen Inhalte des christlichen Glaubens. Ohne den Auferstehungsglauben wäre das Christentum sicher nicht entstanden. Paulus spitzt das auf seine Weise zu: »Wenn wir unsere Hoffnung nur in diesem Leben auf Christus gesetzt haben, sind wir erbärmlicher daran als alle anderen Menschen« (1 Kor 15,19). Auferstehung von den Toten meint nun allerdings nicht, dass der physische Tod aufgehoben wäre. Das christliche Bekenntnis betont ja ganz entschieden, dass Jesus selbst gestorben ist und begraben wurde. Die Auferstehung muss als ein Wandlungsprozess verstanden werden, der sich durch den Tod hindurch vollzieht. Die Evangelien führen hierzu Gleichnisse an, z. B.: »Wenn das Weizenkorn nicht in die Erde fällt und stirbt, bleibt es allein; wenn es aber stirbt, bringt es reiche Frucht« (Joh 12,24).

Die einzelnen Evangelisten erzählen die sogenannte Passionsgeschichte vom Leiden und Sterben Jesu unterschiedlich, da jeder von ihnen eine eigene Erzählabsicht hat. Jesus hat sein Leben aus einer Haltung der liebevollen Hingabe an die Menschen gelebt. Die ersten Christinnen und Christen waren sich einig, dass diese Haltung auch in seinem Sterben erkennbar ist. Mit ihrer Deutung knüpfen sie an die hebräische Tradition vom Messias Jahwes an. Beim Propheten Jesaja wird im vierten Lied vom Gottesknecht gesagt, dass dieser zwar den Weg des Leidens gehen müsse, von Gott jedoch aus dem Tod gerettet werde (▸ Jes 52,13ff.). Diese Verheißungen haben die ersten Christinnen und Christen in Jesus erfüllt gesehen (▸ Lk 24,25f.).

Basistext: Das Gleichnis von Gottes Reich

An jenem Tag verließ Jesus das Haus und setzte sich an das Ufer des Sees. Da versammelte sich eine große Menschenmenge um ihn. Er stieg deshalb in ein Boot und setzte sich; die Leute aber standen am Ufer. Und er sprach lange zu ihnen in Form von Gleichnissen. Er sagte: Ein Sämann ging aufs Feld, um zu säen. Als er säte, fiel ein Teil der Körner auf den Weg, und die Vögel kamen und fraßen sie. Ein anderer Teil fiel auf felsigen Boden, wo es nur wenig Erde gab, und ging sofort auf, weil das Erdreich nicht tief war; als aber die Sonne hochstieg, wurde die Saat versengt und verdorrte, weil sie keine Wurzeln hatte. Wieder ein anderer Teil fiel in die Dornen, und die Dornen wuchsen und erstickten die Saat. Ein anderer Teil schließlich fiel auf guten Boden und brachte Frucht, teils hundertfach, teils sechzigfach, teils dreißigfach. Wer Ohren hat, der höre!

Mt 13,1–9

Lebensbezug

Menschen fragen dich nach dem zentralen Punkt der Botschaft Jesu. Du erklärst ihnen die Bedeutung des Reiches Gottes und führst dazu verschiedene Beispiele an.

Worum es geht

Jesus fordert heraus, durch seine Person, durch seine Worte und durch seine Taten. Damit steht er in der Tradition der biblischen Propheten. Ihre Aufgabe als von Gott Berufene bestand ja gerade darin, den Menschen einen Spiegel vorzuhalten, die Wahrheit auszusprechen und auf Ungerechtigkeit hinzuweisen. Jesus geht noch weiter. Hatten die Propheten stets in Gottes Auftrag gesprochen (»so spricht Gott«), so erhebt Jesus einen höheren Anspruch (»ich sage euch«). Damit betont Jesus seine Autorität.

Wir Heutigen dürfen uns nicht wundern, dass die meisten Zeitgenossen Jesu nicht begeistert waren und viele ihm mit Ablehnung, Unverständnis und Kopfschütteln begegnet sind. Sogar die Verwandten Jesu haben ihn nicht verstanden und für verrückt erklärt. Die Worte und Taten Jesu sind radikal, und sie provozieren auch uns: »Wenn dich einer auf die rechte Wange schlägt, dann halte ihm auch die andere hin« (Mt 5,39). Oder: »Verkauf deinen Besitz und gib das Geld den Armen« (Mt 19,21). Oder: »Wer sein Leben retten will, der wird es verlieren, wer aber sein Leben um meinetwillen verliert, wird es gewinnen« (Mt 16,25). Oder: »Ihr sollt also barmherzig sein, wie es euer himmlischer Vater ist« (Lk 6,36).

Ein weiteres Kennzeichen Jesu war (und ist) seine ständige Aufforderung zur Umkehr und Nachfolge. Manchmal scheint es, als wenn nichts auf der Welt wichtiger sei als er selbst: »Keiner, der die Hand an den Pflug gelegt hat und nochmals zurückblickt, taugt für das Reich Gottes« (Lk 9,62). Oder: »Wer mein Jünger sein will, der verleugne sich selbst, nehme täglich sein Kreuz auf sich und folge mir nach« (Lk 9,23). Diese Radikalität wirkt einerseits irritierend und abstoßend, andererseits aber auch faszinierend und anziehend. Da ist einer, dem die ganze Welt nichts gilt, der ausschließlich den Willen Gottes sucht und sich einsetzt für dessen Reich und seine Gerechtigkeit.

Die Faszination der Botschaft Jesu liegt sicherlich auch darin begründet, dass sie jene tiefe existenzielle Wahrheit zur Sprache bringt, die im Grunde jeden Menschen angeht. Gemeint ist die wechselseitige Beziehung zwischen Loslassen und Gewinnen, zwischen Tod und Leben. Dabei geht es nicht um Moral oder um Vorschriften. Letztlich ist es *das* Grundprinzip des Lebens: In dem Maße, in dem ich als Mensch das Lassen oder die Hingabe einübe, gewinne ich etwas Neues. Wer sich dagegen ängstlich an das klammert, was er zu haben meint, wer denkt, er müsse etwas oder sich hergeben oder aufopfern, wird mit sich selbst und dem Leben nicht in Kontakt kommen. Die liebende Hingabe an Gott und an den Mitmenschen ist keine erzwungene Hergabe, kein Verlust, sondern ein Gewinn. Christinnen und Christen sprechen vom Geheimnis des Glaubens, wenn sie sagen: Im Tod ist das Leben.

Basistext: Die Seligpreisungen der Bergpredigt

Als Jesus die vielen Menschen sah, stieg er auf einen Berg. Er setzte sich, und seine Jünger traten zu ihm. Dann begann er zu reden und lehrte sie. Er sagte: Selig, die arm sind vor Gott; denn ihnen gehört das Himmelreich. Selig die Trauernden; denn sie werden getröstet werden. Selig, die keine Gewalt anwenden; denn sie werden das Land erben. Selig, die hungern und dürsten nach der Gerechtigkeit; denn sie werden satt werden. Selig die Barmherzigen; denn sie werden Erbarmen finden. Selig, die ein reines Herz haben; denn sie werden Gott schauen. Selig, die Frieden stiften; denn sie werden Söhne Gottes genannt werden. Selig, die um der Gerechtigkeit willen verfolgt werden; denn ihnen gehört das Himmelreich. Selig seid ihr, wenn ihr um meinetwillen beschimpft und verfolgt und auf alle mögliche Weise verleumdet werdet. Freut euch und jubelt: Euer Lohn im Himmel wird groß sein. Denn so wurden schon vor euch die Propheten verfolgt.

Mt 5,1–12

Lebensbezug

Viele Menschen der westlichen Gesellschaft suchen ihr Glück, indem sie möglichst viel Besitz anhäufen und unbegrenzt konsumieren. Du übernimmst die Rolle eines prophetischen Zeitgenossen und verfasst eine Rede, in der du diese Haltung kritisierst und zugleich aufzeigst, wie die Menschen wirklich menschlich leben können.

Worum es geht

Es macht einen entscheidenden Unterschied, ob ich mich einer Person gegenüber gleichgültig distanziert verhalte oder ob ich zu ihr Kontakt aufnehme und in Beziehung trete. Im Blick auf Jesus Christus ist das nicht anders. Solange ich Jesus lediglich aus der Ferne betrachte und nichts mit ihm und seiner Botschaft zu tun haben will, wird er mir auch nichts sagen oder bedeuten. In dem Maße jedoch, in dem ich mich auf Jesus einlasse, seine Worte und Taten an mich heranlasse, werde ich mich dazu verhalten (müssen). Genau darin liegt das große Potenzial der Auseinandersetzung. Das allerdings setzt eine offene und unvoreingenommene Haltung voraus.

Jesus von Nazaret ist neben Siddhartha Gautama, Mose und Muhammad einer der großen religiösen Persönlichkeiten der Menschheitsgeschichte. Und so wie Christinnen und Christen danach fragen, welche Bedeutung diese Personen und ihre spirituellen Botschaften für das christliche Leben haben können, setzen sich auch Buddhisten, Hindus, Juden, Muslime und die Anhänger vieler anderer Religionen mit Jesus von Nazaret auseinander. Das gemeinsame spirituelle Fundament der Religionen lässt sich dabei relativ schnell benennen: Die vorfindliche materielle Welt, in der wir leben, ist nicht unsere Heimat; das Ziel des Lebens liegt jenseits davon. Der Mensch ist auf die geistige, göttliche Wirklichkeit oder auf Gott hin ausgerichtet.

Schwieriger ist es, die Unterschiede zwischen den religiösen Traditionen zu benennen und auszuhalten. Jesus ist der Christus, der Messias, der von Gott Gesalbte. Dieser »Titel« bringt die Bedeutung Jesu auf den Punkt. In der Bibel wird Jesus als »der Weg und die Wahrheit und das Leben« bezeichnet (Joh 14,6). Christinnen und Christen bekennen daher, dass für sie der Weg zu Gott über Jesus Christus zu finden ist. Dies ist jedoch nicht exklusiv in dem Sinn gemeint, dass es keine anderen Traditionen und Wege gäbe. Das Bekenntnis macht jedoch deutlich: Wer für sich erkannt hat, wer Jesus Christus ist, wird die Beziehung zu ihm nicht vernachlässigen können.

In den verschiedenen religiösen Traditionen wird Jesus Christus unterschiedlich gedeutet. Manche Buddhisten erkennen in Jesus einen Bodhisattwa, einen Menschen, der wie Buddha die Erleuchtung erlangt hat und sich für andere einsetzt. Für manche Hindus erscheint Jesus wie die Reinkarnation der Erlösergestalt Krishna. In jüdischer Perspektive wird Jesus in der Tradition biblischer Propheten gesehen. Auch im Islam wird Jesus als prophetischer Vorläufer von Muhammad gedeutet. Einzelne Persönlichkeiten der Geschichte, wie z. B. der Hindu Mahatma Gandhi, finden in Jesus ein leuchtendes Beispiel einer ethischen Grundhaltung, die von allen Menschen nachgeahmt werden sollte. Der jüdische Gelehrte Schalom Ben-Chorin bezeichnet Jesus als Bruder des jüdischen Volkes. Und der 14. Dalai Lama, Tenson Gyatsu, sieht in Jesus einen universellen Weisheitslehrer.

Basistext: Der Christus-Weg

Seid untereinander so gesinnt, wie es dem Leben in Christus Jesus entspricht: Christus Jesus war Gott gleich, hielt aber nicht daran fest, wie Gott zu sein, sondern er entäußerte sich und wurde wie ein Sklave und den Menschen gleich. Sein Leben war das eines Menschen; er erniedrigte sich und war gehorsam bis zum Tod, bis zum Tod am Kreuz. Darum hat ihn Gott über alle erhöht und ihm den Namen verliehen, der größer ist als alle Namen, damit alle im Himmel, auf der Erde und unter der Erde ihre Knie beugen vor dem Namen Jesu und jeder Mund bekennt: Jesus Christus ist der Herr – zur Ehre Gottes, des Vaters.

Phil 2,5–11

Lebensbezug

Du wirst gefragt, wer Jesus Christus für dich ist, was er dir bedeutet: Du kannst deine Sichtweise und auch die anderer christlicher oder nicht-christlicher Personen gut begründet darstellen und beschreiben.

Worum es geht

Die persönliche Auseinandersetzung mit Jesus von Nazaret bis hin zur Identifikation mit seiner Person und seinem Schicksal ist ein wichtiger Aspekt im Gottesdienst, insbesondere in der Eucharistiefeier. In dieser wird das Leiden, Sterben und die Auferweckung Jesu erinnert, vergegenwärtigt und nachvollzogen.

Es ist ein typisches Kennzeichen liturgischer Feiern, diesen nicht einfach nur beobachtend zuzuschauen, sondern sie mitzuvollziehen und so aktiv daran teilzunehmen. Ganz offensichtlich brauchen Menschen die Dramatik »heiliger Spiele«, um ihr eigenes Leben immer wieder neu zu deuten und besser zu verstehen. Das gilt freilich auch für die Religionen. Daher werden Liturgien teilweise auch als »heiliger Tanz« vor Gott verstanden, bei dem Menschen sich mit ihrer ganzen Person, gewissermaßen mit Haut und Haaren, ins Spiel bringen.
In der bildenden Kunst, im Theater, im Film und in der Musik ist das ähnlich. Das Leben Jesu in Wort und Tat, seine Geburt, die Wirkungen seines öffentlichen Auftretens, der Verrat durch Judas, der Prozess in Jerusalem, sein Leiden und Sterben am Kreuz wie auch die Zeugnisse der Auferweckung – alle diese biografischen Stationen wurden im Laufe der Geschichte auf vielfältige Weise ins Bild gebracht, inszeniert oder nachgeahmt. Die Volksfrömmigkeit in den verschiedenen Kulturen hat unterschiedliche Ausprägungen hervorgebracht, von den traditionellen Passionsspielen bis zu den modernen Krippenspielen.

Basistext: Die Ich-bin-Worte Jesu

Ich bin das Brot des Lebens.
Joh 6,35

Ich bin das Licht der Welt.
Joh 8,12

Ich bin die Tür.
Joh 10,7.9

Ich bin der gute Hirt.
Joh 10,11

Ich bin die Auferstehung und das Leben.
Joh 11,25

Ich bin der Weg und die Wahrheit
und das Leben.
Joh 14,6

Ich bin der wahre Weinstock.
Joh 15,1

Lebensbezug

Du setzt dich alleine oder im Team mit einem Aspekt des Lebens und Wirkens Jesu bzw. mit der religiösen Bedeutung seiner Person auseinander. Dabei geht es vor allem um die Frage der Aktualisierung: Wie lassen sich Jesus, sein Leben, Wirken und seine Bedeutung heute (modern) angemessen und ausdrucksstark darstellen? Wähle oder wählt dazu ein geeignetes Medium. Die angeführten Web-Quellen können als Inspiration dienen:

- www.passionsspiele2010.de/
- www.joerg-sieger.de/isenheim.htm
- www.elalmanaque.com/semanasanta/
- http://wiki.rpi-virtuell.net/index.php/Jesus_an_der_Ruhr
- http://de.wikipedia.org/wiki/Liste_von_Bibelverfilmungen

4

GERECHTIGKEIT · FRIEDEN · BEWAHRUNG DER SCHÖPFUNG

VERANTWORTLICH LEBEN

Worum es geht

Das Schicksal dieser Welt ist Gott nicht gleichgültig. Etwas zugespitzt lässt sich sagen: Gerechtigkeit ist einer der Namen Gottes. Der christliche Glaube beinhaltet ganz selbstverständlich eine Verantwortung für die Welt. Es kann gar nicht anders sein, denn schließlich ist diese den Menschen von Gott zur Pflege überlassen worden (▸ Gen 1–2). Außerdem bilden Gottesliebe und Nächstenliebe eine Einheit. Christinnen und Christen, die in einer lebendigen Beziehung zu Gott leben, werden daher immer auch danach fragen, wie es den Menschen ihrer Umgebung und ihrer Mitwelt ergeht.

Heutzutage haben viele Menschen erfreulicherweise eine besondere Aufmerksamkeit für solche Situationen, in denen es ungerecht zugeht. Sehr zu Recht reagieren wir ganz besonders sensibel, wenn wir erfahren, dass Kinder Opfer von Vernachlässigung und Gewalt werden. Kinder haben Rechte. Sie haben das Recht, in einer sicheren Umgebung ohne Diskriminierung zu leben. Sie haben das Recht auf Zugang zu sauberem Wasser, Nahrung, medizinischer Versorgung, Ausbildung und auf Mitsprache bei Entscheidungen, die ihr Wohlergehen betreffen.

Nicht nur in den Ländern der Südhalbkugel unserer Erde, in denen größte Armut herrscht, sondern auch in reichen Ländern werden vielen Kindern tagtäglich elementare Rechte verweigert. Das ist ein Skandal. Christinnen und Christen stehen in der Tradition der biblischen Propheten, wenn sie sich hier engagieren, wenn sie gegen diese oder andere Ungerechtigkeiten Widerstand leisten, wenn sie sich einsetzen für Recht und Gerechtigkeit. Dazu zählt auch der Einsatz für den Frieden und für die Bewahrung der Schöpfung. Ein solches Engagement ist keine Nebensächlichkeit, sondern gehört zum Kern des christlichen Glaubens.

Die Welt ist nicht in Ordnung, so wie sie ist. Wer mit offenen Augen durchs Leben geht, wird an allen Ecken und Enden Armut, Elend und Not begegnen. Gleichwohl haben Christinnen und Christen mit dem Evangelium die begründete Hoffnung, dass diese unheilvollen Zustände nicht das letzte Wort haben. Sie vertrauen darauf, dass Gott alles neu machen wird (▸ Offb 21,5). Die Menschen werden von sich aus die Welt nicht retten können; das kann nur Gott. Sie können und müssen allerdings ihren Teil dazu beitragen. Diese Hoffnung auf das Zusammenwirken von Gott und Mensch zur Realisierung von Gottes Reich wird auch als Realutopie bezeichnet; sie ist realistisch und utopisch zugleich. Genau darin steckt ein enormes Potenzial zur Veränderung der Welt.

Basistexte: Leben nach Gottes Willen

Das Recht ströme wie Wasser, die Gerechtigkeit wie ein nie versiegender Bach.

Am 5,24

Es ist dir gesagt worden, Mensch, was gut ist und was der Herr von dir erwartet: nichts anderes als dies: Recht tun, Güte und Treue lieben, in Ehrfurcht den Weg gehen mit deinem Gott.

Mi 6,8

Wir wollen lieben, weil er uns zuerst geliebt hat. Wenn jemand sagt: Ich liebe Gott!, aber seinen Bruder hasst, ist er ein Lügner. Denn wer seinen Bruder nicht liebt, den er sieht, kann Gott nicht lieben, den er nicht sieht. Und dieses Gebot haben wir von ihm: Wer Gott liebt, soll auch seinen Bruder lieben.

1 Joh 4,19–21

Lebensbezug

Jedes Jahr am 20. September wird der sog. Weltkindertag begangen. An diesem Tag gibt es vielfältige Aktionen zahlreicher Organisationen. Im Zentrum steht in der Regel die Kinderrechtskonvention der UNO. Du zeigst an verschiedenen Beispielen auf und beschreibst, inwiefern sich dabei auch Christinnen und Christen engagieren.

- www.weltkindertag.de
- www.unicef.de
- www.misereor.de
- www.kindernothilfe.de
- www.tdh.de
- www.dkhw.de
- www.plan-deutschland.de

Worum es geht

Die Bibel hebt an vielen Stellen hervor, dass Gott auf der Seite der Armen, Schwachen und Entrechteten steht. Das ist die Ursprungserfahrung Israels: »Der Herr sprach: Ich habe das Elend meines Volkes in Ägypten gesehen, und ihre laute Klage über ihre Antreiber habe ich gehört. Ich kenne ihr Leid. Ich bin herabgestiegen, um sie der Hand der Ägypter zu entreißen und aus jenem Land hinaufzuführen in ein schönes, weites Land, in ein Land, in dem Milch und Honig fließen« (Ex 3,7f.).

Die »Parteilichkeit Gottes« erscheint nicht selten als Provokation. Es stellt sich die Frage, wie es um die Menschen steht, die (sich selbst) nicht zu den Marginalisierten zählen. Die Botschaft Jesu dazu ist eindeutig: In den Augen Gottes haben die »Kleinen« (Mt 18,3) und »Unmündigen« (Lk 10,21) eine privilegierte Position. Das liegt nicht daran, dass sie vielleicht bessere Menschen wären. Entscheidend ist vielmehr, dass sie in einer Situation leben, in der die grundsätzliche Bedürftigkeit aller Menschen besonders zum Ausdruck kommt.

Wer dagegen sich Gott gegenüber behaupten und stark sein will, oder wer meint, Gott gegenüber eine Leistung erbringen zu können, ein solcher Mensch hat Gott nicht verstanden. Martin Luther hat einmal gesagt: »Gottes Natur ist, dass er aus nichts etwas macht. Darum, wer noch nicht nichts ist, aus dem kann Gott auch nichts machen.« Die Aufforderung an jeden Menschen besteht also darin, Gott gegenüber die Haltung eines durch und durch Bedürftigen einzunehmen. Zugleich gilt es, sich wie Gott auf die Seite der Armen und Schwachen zu stellen; beides gehört zusammen.

Der Prophet Jesaja hat diesen Zusammenhang deutlich benannt. Er kritisiert den scheinheiligen Tempelkult seiner reichen und mächtigen Zeitgenossen, die sich einbilden, durch exaktes Befolgen festgelegter religiöser Vorschriften oder durch besonders aufwendige Gottesdienste bei Gott etwas erreichen zu können. Währenddessen unterdrücken sie die Armen und beuten die Rechtlosen aus (▸ Jes 1,10–17). Dass da ein krasser Widerspruch besteht, können oder wollen sie nicht sehen.

Auch Jesus weist auf die Parteilichkeit Gottes zugunsten der Schwachen hin. Immer wieder wendet er sich den Marginalisierten seiner Zeit zu, den sog. Zöllnern und Sündern, die in den Augen der »Superfrommen« Abschaum sind. Diese machen ihm das zum Vorwurf: »Als die Pharisäer das sahen, sagten sie zu seinen Jüngern: Wie kann euer Meister zusammen mit Zöllnern und Sündern essen? Er hörte es und sagte: Nicht die Gesunden brauchen den Arzt, sondern die Kranken. Darum lernt, was es heißt: Barmherzigkeit will ich, nicht Opfer. Denn ich bin gekommen, um die Sünder zu rufen, nicht die Gerechten« (Mt 9,11–13).

Basistext: Die vorrangige Option für die Armen

Mit erneuerter Hoffnung auf die belebende Kraft des Geistes machen wir uns wieder die Auffassung der 2. Vollversammlung (Medellin 1968) zu eigen, die eine klare und prophetische, vorrangige und solidarische Option für die Armen zum Ausdruck brachte. [...] Wir bestätigen die Notwendigkeit der Umkehr der gesamten Kirche im Sinne einer vorrangigen Option für die Armen mit Blickrichtung auf deren umfassende Befreiung.

Konferenz der lateinamerikanischen Bischöfe (CELAM) in Puebla 1979, 1134

Lebensbezug

Auf youtube (www.youtube.com/user/JustitiaEtPax-De) finden sich einige Videos, die das soziale Engagement von Christinnen und Christen veranschaulichen. Du verfasst dazu einen Begleittext, der die Motivation des christlichen Engagements verdeutlicht und erklärt.

Worum es geht

»Was ihr für einen meiner geringsten Brüder (und Schwestern) getan habt, das habt ihr mir getan« (Mt 25,31). Es gibt wohl kaum einen biblischen Text, der derart deutlich betont, welch hohen Stellenwert soziales Handeln im christlichen Glauben hat. Eigentlich führt kein Weg daran vorbei. Denn in dem Beispiel betont Jesus, dass diejenigen, die nicht sozial handeln, keine Beziehung zu ihm bzw. zu Gott haben können. Eindeutiger geht es nicht.

Aus dem Zusammenhang dieses Textes – dem sog. Weltgericht – ist im Laufe der Geschichte die Tradition der sog. »sieben Werke der Barmherzigkeit« entstanden: Hungrige speisen, Obdachlose beherbergen, Nackte bekleiden, Kranke besuchen, Gefangene besuchen, Tote begraben und Almosen geben. Seit Jahrhunderten haben sich gläubige Menschen daran orientiert, so z. B. Janusz Korczak, Mutter Teresa, Adolph Kolping, Simone Weil, Rigoberta Menchú und Oscar Romero.

Von großer Bedeutung sind die franziskanischen Orden. Nach wie vor schöpfen sie aus der spirituellen Kraft ihres Gründers Franz von Assisi, dessen persönlicher Glaube gerade darin seine Basis hat, in den Armen Jesus Christus zu begegnen. Auch viele zeitgenössische Organisationen gehen im Kern auf diesen Impuls zurück, auch wenn sie nicht ausdrücklich christlich begründet sind. Und selbstverständlich müssen auch die sozial engagierten Menschen anderer Religionen genannt werden, heißt es doch in Mt 25,40 ausdrücklich, dass die Betroffenen Jesus gar nicht erkannt haben.

Wir Menschen brauchen solche Personen, die uns durch ihre Lebenspraxis zeigen, was es heißt, verantwortlich zu handeln. Abstrakt von den Menschenrechten zu reden, ist viel zu wenig. Für die Würde der Menschen einzustehen und dafür ggf. auch Nachteile in Kauf zu nehmen, das ist schon etwas anderes. Jeder Mensch kann und muss sich von solchen Vorbildern im Alltäglichen herausfordern und fragen lassen, welchen ethischen Maßstäben er oder sie selbst folgt und wie er oder sie sich angesichts von Ungerechtigkeit und Armut verhält.

Die christlichen Kirchen sehen es als ihre Aufgabe an, innerhalb der Gesellschaft prophetisch Position zu beziehen, wenn soziale Missstände bestehen oder Menschenrechte nicht geachtet werden. Immer wieder melden sie sich mit mahnenden Texten zu Wort und setzen sich so für Gerechtigkeit, Frieden und die Bewahrung der Schöpfung ein. Die bedeutenden Stellungnahmen der letzten Jahrzehnte haben die sog. katholische Soziallehre oder christliche Sozialethik entstehen lassen. An jedem 1. Januar eines Jahres formuliert der Papst einen Friedensappell. Und zu Beginn jeder Fastenzeit äußern sich in der Regel einzelne Bischöfe zu einem aktuellen ethischen Thema.

Basistext: Der Dekalog

Ich bin Jahwe, dein Gott, der dich aus Ägypten geführt hat, aus dem Sklavenhaus. Du sollst neben mir keine anderen Götter haben. Du sollst dir kein Gottesbild machen und keine Darstellung von irgendetwas am Himmel droben, auf der Erde unten oder im Wasser unter der Erde. Du sollst dich nicht vor anderen Göttern niederwerfen und dich nicht verpflichten, ihnen zu dienen. [...]
Du sollst den Namen des Herrn, deines Gottes, nicht missbrauchen; [...]
Gedenke des Sabbats: Halte ihn heilig!
[...] Ehre deinen Vater und deine Mutter, damit du lange lebst in dem Land, das der Herr, dein Gott, dir gibt.
Du sollst nicht morden.
Du sollst nicht die Ehe brechen.
Du sollst nicht stehlen.
Du sollst nicht falsch gegen deinen Nächsten aussagen.
Du sollst nicht nach dem Haus deines Nächsten verlangen. Du sollst nicht nach der Frau deines Nächsten verlangen, nach seinem Sklaven oder seiner Sklavin, seinem Rind oder seinem Esel oder nach irgendetwas, das deinem Nächsten gehört.

Ex 20,2–17

Lebensbezug

Der Bischof deiner Diözese hat in den vergangenen Jahren manche Stellungnahme zu ethischen Fragen veröffentlicht. Du machst dich dazu kundig und kannst an einem Beispiel die von ihm vertretene Position und ihre christliche Begründung darstellen und dazu Stellung nehmen.

Worum es geht

Menschen sind immer aufeinander angewiesen, in den Familien, im Freundeskreis und in den gesellschaftlichen Gruppen. Niemand lebt allein. Diese einfache Einsicht wird meistens erst dann spürbar wahrgenommen, wenn die selbstverständlich vorausgesetzte Solidarität ausfällt. Solidarisches Handeln ist also kein zusätzlicher Luxus, sondern gehört zum Wesen des Menschen dazu. In der Tat ist kaum eine Einsicht derart global und in allen Kulturen verbreitet wie die der sog. Goldenen Regel: »Alles, was ihr also von anderen erwartet, das tut auch ihnen! Darin besteht das Gesetz und die Propheten« (Mt 7,12).

»Die Hölle, das sind die anderen«, hat der Philosoph Sartre einmal gesagt. Und nicht selten ist zu hören, jeder Mensch sei von Grund auf egoistisch und würde immer nur nach seinem eigenen Vorteil suchen. Diese Sichtweise greift jedoch zu kurz. Es gehört zum fast schon genialen Kern der biblischen Ethik, dass die unterschiedlichen Haltungen der Menschen nicht gegeneinander ausgespielt, sondern produktiv miteinander verbunden werden. »Liebe deinen Nächsten wie dich selbst« (Lev 19,18). Kaum eine Erzählung des Neuen Testaments bringt das besser auf den Punkt als das Gleichnis vom barmherzigen Samariter (▸ Lk 10,30–37). Hier wird deutlich: »Der Nächste, das ist der Himmel.«

Die christliche Ethik geht sogar noch einen Schritt weiter, indem sie die Aufforderung Jesu zur Feindesliebe stark macht. Der christliche Bürgerrechtler Martin Luther King sagt: »Macht mit uns, was ihr wollt. Wir werden euch dennoch lieben. Wenn wir dem Funken der Rachsucht in uns erlauben, zum Hass gegen unsere Feinde aufzuflammen, dann lehrt Jesus: ›Liebt eure Feinde; segnet die, die euch fluchen; tut wohl denen, die euch hassen; bittet für die, die euch beleidigen und verfolgen.‹ Das Gebot der Feindesliebe (Mt 5,44) ist eine absolute Notwendigkeit, wenn wir überleben wollen. Liebe gegenüber dem Feind ist der Schlüssel zur Lösung der Probleme unserer Welt. Jesus wusste darum, dass jede echte Liebe nur aus beständiger und vollständiger Hingabe an Gott erwächst.« Und Mahatma Gandhi stellt fest: »Leiden ist eine viel stärkere Macht als das Gesetz des Dschungels, denn es kann auch unsere Gegner wandeln.«

Die Aufforderung zur bedingungslosen Gewaltlosigkeit bedeutet nun allerdings nicht, keinen Widerstand zu leisten. Es gibt sehr viele überzeugende Strategien und Beispiele gewaltfreier Konfliktlösung. Freilich ist dazu ein Perspektivenwechsel notwendig, der nicht einfach ist und der mir einiges abverlangt. Viele Menschen heute sind dazu nicht bereit oder in der Lage. Es käme darauf an, sie für diese Haltung zu gewinnen. Das wäre ein Weg der Nachfolge Jesu.

Die christliche Ethik basiert auf der Weisung Gottes und der Freiheit der Menschen. Die Schnittstelle zwischen beiden ist das Gewissen. Das Zweite Vatikanische Konzil schreibt dazu: »Das Gewissen ist die verborgenste Mitte und das Heiligtum im Menschen, wo er allein ist mit Gott, dessen Stimme in diesem seinem Innersten zu hören ist. Im Gewissen erkennt man in wunderbarer Weise jenes Gesetz, das in der Liebe zu Gott und dem Nächsten seine Erfüllung hat« (Gaudium et spes 16).

Basistext: Das Projekt Weltethos

»Diese eine Welt braucht ein Ethos; diese eine Weltgesellschaft braucht keine Einheitsreligion und Einheitsideologie, wohl aber einige verbindende und verbindliche Normen, Werte, Ideale und Ziele.«

Hans Küng

Die Grundüberzeugungen des Projekts Weltethos:
- kein Zusammenleben auf unserem Globus ohne ein globales Ethos;
- kein Frieden unter den Nationen ohne Frieden unter den Religionen;
- kein Frieden unter den Religionen ohne Dialog zwischen den Religionen;
- kein Dialog zwischen den Religionen und Kulturen ohne Grundlagenforschung;
- kein globales Ethos ohne Bewusstseinswandel von Religiösen und Nicht-Religiösen.

Lebensbezug

»Alle denken an sich, nur ich denk an mich.« Du setzt dich aus christlicher Perspektive mit diesem Lebensmotto auseinander und formulierst gute Gründe, die aufzeigen, dass es andere (menschlichere) Wege gibt, das Leben verantwortlich zu gestalten.

Worum es geht

Eine Person ist für uns dann überzeugend, wenn sie tut, was sie sagt, und wenn sie sagt, was sie tut. Wenn Worte und Taten eines Menschen nicht übereinstimmen, dann verliert er an Glaubwürdigkeit. Auch die Bibel gibt dazu eindeutig Auskunft: »Was nützt es, wenn einer sagt, er habe Glauben, aber es fehlen die Werke? Kann etwa der Glaube ihn retten?« (Jak 2,14). Zur glaubwürdigen Glaubensüberzeugung gehört eine überzeugende Glaubenspraxis.

Schon immer waren sich Christinnen und Christen einig, dass solidarisches Handeln im eigenen Umfeld sowie die Realisierung christlicher Werte im Alltag zu ihrem Selbstverständnis gehören. Aufgrund der katastrophalen Erfahrungen der Weltkriege und Ideologien des 20. Jahrhunderts haben sie sich besonders in den vergangenen Jahrzehnten deutlich und entschieden für Gerechtigkeit, Frieden und die Bewahrung der Schöpfung eingesetzt. Dieses Engagement ist in der Regel ökumenisch oder interreligiös und erstreckt sich über die Konfessions- und Religionsgrenzen hinweg.

Zu den bedeutenden internationalen Initiativen zählen die *Gemeinschaften von Taizé* und *Sant'Egidio*, aber auch das *Projekt Weltethos* sowie der *Konziliare Prozess für Gerechtigkeit, Frieden und Bewahrung der Schöpfung*. Eine besondere Initiative in Deutschland ist die Organisation *Donum Vitae*. Daneben gibt es unzählige Initiativen und Aktionen, in denen sich Menschen in christlicher Verantwortung für andere einsetzen.

Basistext: Zehn Grundüberzeugungen der ökumenischen Weltversammlung von Seoul 1990

1. Wir bekräftigen, dass alle Ausübung von Macht vor Gott verantwortet werden muss.
2. Wir bekräftigen, dass Gott auf der Seite der Armen steht.
3. Wir bekräftigen, dass alle Rassen und Völker gleichwertig sind.
4. Wir bekräftigen, dass Mann und Frau nach dem Bilde Gottes geschaffen sind.
5. Wir bekräftigen, dass Wahrheit zur Grundlage einer Gemeinschaft freier Menschen gehört.
6. Wir bekräftigen den Frieden Jesu Christi. Die einzig mögliche Grundlage für einen dauerhaften Frieden ist Gerechtigkeit.
7. Wir bekräftigen, dass Gott die Schöpfung liebt.
8. Wir bekräftigen, dass die Erde Gott gehört.
9. Wir bekräftigen die Würde und das Engagement der jüngeren Generation.
10. Wir bekräftigen, dass die Menschenrechte von Gott gegeben sind.

Lebensbezug

Christinnen und Christen übernehmen Verantwortung, wenn es um Gerechtigkeit, Frieden und die Bewahrung der Schöpfung geht. Du kennst eine der Initiativen gut, weißt um deren Engagement und kannst ihre Aktivitäten ansprechend und öffentlichkeitswirksam darstellen. Zugleich gibst du konkrete Hinweise, wie Menschen sich dort einbringen und mitmachen können.

- www.ecunet.de
- www.weltethos.org
- www.taize.fr/de
- www.santegidio.org
- www.donumvitae.org
- www.iupax.at/index.php/liste-soziallehre.html

5

IN GEMEINSCHAFT LEBEN

Worum es geht

Kirche, das ist die Gemeinschaft aller Menschen, die an Jesus Christus glauben. Kirche ist also in erster Linie nicht (nur) eine Institution oder (lediglich) ein Gebäude. Kirche ist die lebendige Gemeinschaft der Gläubigen, die miteinander ihren Glauben und ihr Leben teilen. Überall da ist Kirche, wo Christinnen und Christen ihren Glauben in Gottesdiensten feiern (Liturgie), wo sie einander und anderen Menschen dienen (Diakonie) und wo sie ihren Glauben öffentlich bezeugen und dafür einstehen (Martyrium). Diese drei Merkmale waren von Anfang an die Erkennungszeichen der christlichen Gemeinden, und sie sind es bis heute geblieben.

Die eine Kirche ist in verschiedene Konfessionen (Bekenntnisse) unterteilt, die den christlichen Glauben zum Teil auf sehr unterschiedliche Weise praktizieren. Die orthodoxen Kirchen betonen sehr die Heiligkeit Gottes, was in den prunkvollen Gottesdiensten zum Ausdruck kommt. Die evangelischen Kirchen heben die zentrale Bedeutung der Bibel als Wort Gottes hervor, das die Christinnen und Christen mit seinem Anspruch herausfordert. Die römisch-katholische Kirche legt großen Wert auf die Tradition, durch die im Laufe der Jahrhunderte die Kirche gewachsen ist. Die jeweiligen Unterschiede lassen sich zum Beispiel an den liturgischen Feiern, der Zahl der Sakramente und auch am Kirchenbau erkennen. Dabei zeigt sich, wie die inneren konfessionellen Glaubenshaltungen unterschiedliche äußere Formen angenommen haben.

Alle Kirchen sind sich einig: Der Weg Gottes ist der Mensch. Deswegen engagieren sich alle Konfessionen ganz entschieden im gesellschaftlichen und sozialen Bereich. Das evangelische *Diakonische Werk* und der römisch-katholische *Deutsche Caritasverband* sind dafür die großen Institutionen der jeweiligen Kirchen. Sie setzen sich in den vielfältigsten Bereichen des gesellschaftlichen Lebens für bedürftige Menschen ein. Allein die Zahlen der Mitarbeiterinnen und Mitarbeiter zeigen die große Bedeutung dieser beiden Institutionen: 700.000 (ev.) und 500.000 (kath.) Freiwillige sowie 453.000 (ev.) und 559.000 (kath.) Angestellte stehen für das christliche Engagement in der Gesellschaft.

Die Feier der Eucharistie – insbesondere am Sonntag, dem ersten Tag der Woche – ist für Christinnen und Christen die Quelle ihres Glaubens. Gemeinsam hören sie auf das Wort Gottes und vergegenwärtigen in der Feier des Abendmahls die Hingabe und Auferweckung Jesu Christi. Die regelmäßige Erinnerung an Jesus Christus, an sein Leben und Wirken stärkt und ermutigt sie, den eigenen Glauben im Alltag zu leben. Jesus Christus, seine Worte und Taten sind der entscheidende Maßstab, an dem Christinnen und Christen sich orientieren.

Daneben gibt es eine Vielzahl anderer Feste und Feiern, die im Laufe eines Jahres oder des persönlichen Lebens von Bedeutung sind. An ihnen wird deutlich, dass der Glaube eine dynamische Kraft ist, die das Leben verändert und prägt.

Basistext: Das Leben der Ur-Gemeinde

Alle wurden von Furcht ergriffen; denn durch die Apostel geschahen viele Wunder und Zeichen. Und alle, die gläubig geworden waren, bildeten eine Gemeinschaft und hatten alles gemeinsam. Sie verkauften Hab und Gut und gaben davon allen, jedem so viel, wie er nötig hatte. Tag für Tag verharrten sie einmütig im Tempel, brachen in ihren Häusern das Brot und hielten miteinander Mahl in Freude und Einfalt des Herzens. Sie lobten Gott und waren beim ganzen Volk beliebt. Und der Herr fügte täglich ihrer Gemeinschaft die hinzu, die gerettet werden sollten.

Apg 2,43–47

Lebensbezug

Die christlichen Gemeinden deiner Umgebung gestalten ihr Glaubensleben auf verschiedene Weise. Du verschaffst dir einen Überblick und kannst die Unterschiede differenziert wahrnehmen und sachgerecht beschreiben. Daher kannst du detailliert Auskunft geben, wie Christinnen und Christen heute ihren Glauben leben.

Worum es geht

Jesus von Nazaret ist nicht in einem Vakuum aufgetreten. Seine Zeit war erfüllt von einem enormen religiösen Hunger. Seine Worte und Taten fielen auf fruchtbaren Boden bei den Jüngerinnen und Jüngern, die er um sich versammelte. Überwältigt von der Erfahrung der Auferweckung trugen diese nach seinem Tod das Anliegen Jesu als Jesusbewegung weiter. Seitens des Judentums wurden sie zunächst als »Anhänger des neuen Wegs« (Apg 9,2) betrachtet und verstanden sich auch selbst nach wie vor als Jüdinnen und Juden. Erst die zunehmende Diskriminierung führte zu einer speziellen Gemeindebildung. »In Antiochia nannte man die Jünger zum ersten Mal Christen« (Apg 11,26).

Im Laufe der ersten Jahrzehnte entstanden besonders in den städtischen Handelsmetropolen am Mittelmeer viele christliche Gemeinden. In diesen Basis- oder »Ur«-Gemeinden wurde ein geschwisterliches Leben praktiziert, das vor allem für die Marginalisierten der damaligen Zeit sehr attraktiv war. Gütergemeinschaft und ein gemeinsames Leben ohne steile Hierarchien waren wichtige Kennzeichen dieser Gruppen, die schnell wuchsen. Die Gemeinden mussten ihr Leben irgendwie organisieren. Daher bildeten sich im Anschluss an die dynamische Phase des Anfangs schon bald erste Leitungsstrukturen aus. Die heutige Gestalt der Kirche ist später nach und nach entstanden und durch vielfältige geschichtliche Ereignisse geprägt.

Die römisch-katholische Kirche ist hierarchisch begründet. Die eigentliche Bedeutung des Wortes Hierarchie (heilige Ordnung) verdeutlicht, worauf es dabei ankommt. Die Heiligkeit Gottes ist der Ursprung der Kirche. Deshalb ist sie mehr als nur das Ergebnis menschlicher Organisation. Die derzeitige feudale Struktur der römisch-katholischen Kirche ist lediglich geschichtlich bedingt und durch die Einflüsse der Spätantike und des Mittelalters entstanden. Das Selbstverständnis der Kirche wird durch die theologischen Bilder von der Kirche als Leib Christi bzw. als Volk Gottes zum Ausdruck gebracht.

Die Leitung der Kirche liegt in den Händen der Bischöfe, die als Nachfolger der Apostel Jesu die Verantwortung für das Wohl der Kirche haben. Aus der Mitte der Bischöfe/Kardinäle wird nach einem traditionellen Verfahren (Konklave) der Papst gewählt, dessen besondere Aufgabe es ist, die Einheit der Kirche im Blick zu haben (Petrusdienst). Die Priester und weitere pastorale Mitarbeiter übernehmen im Auftrag der Bischöfe die Verantwortung für die Gemeinden. Alle Kirchenmitglieder haben Anteil am allgemeinen Priesteramt (▶ 1 Petr 2,9).

Gott will das Heil aller Menschen, so die Botschaft von Jesus Christus. Die Kirche versteht sich als Werkzeug Gottes zu diesem »Heilsplan«. Ihre Aufgabe ist es, allen Menschen den Weg zu Gott zu öffnen. In diesem Sinn ist die Kirche selbst Gottes Sakrament, Zeichen der heilenden Gegenwart Gottes in der Welt. Die konkreten sieben (ev. zwei) Sakramente der Kirche veranschaulichen die Heilszusage Gottes.

Basistext: Das Credo

Ich glaube an Gott, den Vater, den Allmächtigen, den Schöpfer des Himmels und der Erde.
Und an Jesus Christus, seinen eingeborenen Sohn, unsern Herrn, empfangen durch den Heiligen Geist, geboren von der Jungfrau Maria, gelitten unter Pontius Pilatus, gekreuzigt, gestorben und begraben, hinabgestiegen in das Reich des Todes, am dritten Tage auferstanden von den Toten, aufgefahren in den Himmel; er sitzt zur Rechten Gottes, des allmächtigen Vaters; von dort wird er kommen, zu richten die Lebenden und die Toten.
Ich glaube an den Heiligen Geist, die heilige katholische (christliche) Kirche, Gemeinschaft der Heiligen, Vergebung der Sünden, Auferstehung der Toten und das ewige Leben. Amen.

Lebensbezug

»Wozu brauche ich die Kirche?«, so fragen viele Jugendliche, »ich kann doch auch ohne sie an Gott glauben.« Du gehst auf diese Frage ein, indem du die Bedeutung der Kirche und ihr Selbstverständnis erklärst.

Worum es geht

In der Frühzeit der Kirche hieß es: »Das Blut der Märtyrer ist der Same der Christen« (Tertullian). Damit war gemeint, dass diejenigen, die wegen ihres Glaubens ermordet wurden, für andere Menschen so zum Vorbild geworden waren, dass diese gläubig wurden. Heutzutage den Glauben öffentlich zu bekennen, ist manchmal gar nicht so einfach, auch wenn Religions- und Glaubensfreiheit garantiert sind. Das sieht freilich weltweit gesehen deutlich anders aus. Engagierte Christinnen und Christen werden sich jedoch überall über ihren Glauben zumindest befragen lassen und in Wort und Tat Auskunft geben, wie sie leben. Dies kann z. B. dann der Fall sein, wenn sie sich in Gesellschaft und Politik für Versöhnung und Vergebung einsetzen, wo andere längst aufgegeben haben.

Überhaupt ist das Verhältnis von Kirche und Staat eine spannende Frage. Im Laufe der Geschichte war es oft so, dass entweder die Kirche den Staat dominiert hat oder aber der Staat die Kirche. Am deutlichsten wurde dies im Hochmittelalter im sog. Investiturstreit sowie im 19. Jahrhundert im Kulturkampf. In den modernen westlichen Gesellschaften taucht oftmals die Forderung auf, die Religion und damit den Glauben aus dem öffentlichen Raum zu verbannen, da beides reine Privatsache sei. Das jedoch ist eine fatale Fehleinschätzung. Glaube und Religion sind immer auch politisch, weil sie das Leben in dieser ganz konkreten Welt betreffen; einen »weltlosen« Glauben gibt es nicht. Hier können Christinnen und Christen öffentlich Position beziehen.

Derzeit gibt es in verschiedenen Staaten unterschiedliche Regelungen. Da ist zum einen der Laizismus französischer Prägung, der den Staat vor der Religion schützen will. Dahinter stehen die negativen Erfahrungen mit der Kirche vor der Revolution. In den USA wird ein Laizismus praktiziert, der die Religion vor dem Staat schützen will. Hier spielen die geschichtlichen Erfahrungen mit der Kolonialmacht England eine große Rolle. Dort wie auch in manchen skandinavischen Ländern gibt es das Prinzip der Staatskirche, in der Staat und Kirche eng verbunden sind. In Deutschland gibt es das Modell der Trennung von Kirche und Staat bei gleichzeitiger Kooperation in vielen Bereichen.

Basistext: Die Kirche in der Welt von heute

Freude und Hoffnung, Trauer und Angst der Menschen von heute, besonders der Armen und Bedrängten aller Art, sind auch Freude und Hoffnung, Trauer und Angst der Jünger Christi. Und es gibt nichts wahrhaft Menschliches, das nicht in ihren Herzen seinen Widerhall fände. Ist doch ihre eigene Gemeinschaft aus Menschen gebildet, die, in Christus geeint, vom Heiligen Geist auf ihrer Pilgerschaft zum Reich des Vaters geleitet werden und eine Heilsbotschaft empfangen haben, die allen auszurichten ist. Darum erfährt diese Gemeinschaft sich mit der Menschheit und ihrer Geschichte wirklich engstens verbunden.
Daher wendet sich das Zweite Vatikanische Konzil [...] an alle Menschen schlechthin in der Absicht, allen darzulegen, wie es Gegenwart und Wirken der Kirche in der Welt von heute versteht. Vor seinen Augen steht also die Welt der Menschen, das heißt die ganze Menschheitsfamilie mit der Gesamtheit der Wirklichkeiten, in denen sie lebt; die Welt, der Schauplatz der Geschichte der Menschheit, von ihren Unternehmungen, Niederlagen und Siegen geprägt; die Welt, die nach dem Glauben der Christen durch die Liebe des Schöpfers begründet ist und erhalten wird; die unter die Knechtschaft der Sünde geraten, von Christus aber, dem Gekreuzigten und Auferstandenen, durch Brechung der Herrschaft des Bösen befreit wurde; bestimmt, umgestaltet zu werden nach Gottes Heilsratschluss und zur Vollendung zu kommen.

Gaudium et spes 1–2

Lebensbezug

»Glaube und Religion sind Privatsache, schon gar nicht haben sie mit Politik zu tun. Deswegen sollten beide aus dem gesellschaftlichen Leben herausgehalten werden.« Du beziehst Position, indem du begründet darstellst, inwiefern der Glaube und die Religion immer auch politisch sind und sogar sein müssen.

Worum es geht

Wie wird ein Mensch zu dem, was er ist, wie er lebt, fühlt und denkt? Ganz sicher ist: Wir kommen nicht als unbeschriebenes Blatt auf die Welt. Ebenso sicher ist auch: Was wir insbesondere im Laufe der ersten Jahre unseres Lebens an Erfahrungen aufsaugen, prägt uns nachhaltig. Und schließlich gilt: In dem Maße, in dem Menschen die ihnen angeborenen und angebotenen Möglichkeiten annehmen, einüben und sich so erwerben, werden sie zu denjenigen, die sie sind. Das alles gilt freilich auch für die Religion.

Menschen können sehr wohl auch ohne Religion leben. Gleichwohl lässt sich die religiöse Musikalität entwickeln, fördern und gestalten; sie kann »in Fleisch und Blut übergehen«, eingefleischt werden, so wie viele andere kulturelle Dinge – z. B. die Muttersprache – auch. Die Art und Weise, wie ich religiös aufwachse, wird mich mein Leben lang begleiten, bis in die konfessionellen Prägungen hinein, so wie der Dialekt oder die Mundart bei der Muttersprache. Es macht einen Unterschied, evangelisch oder römisch-katholisch aufzuwachsen.

Zwar sind sich heute die Konfessionen in den zentralen Glaubensfragen einig (vgl. Credo), aber es gibt auch Unterschiede. Diese sind entweder durch historische Konflikte oder aufgrund kultureller Vielfalt oder regionaler Mentalität entstanden. Bereits im Neuen Testament zeigt sich, dass die dort beschriebenen Gemeinden den christlichen Glauben zum Teil sehr unterschiedlich lebten. Auch heute zeigt sich die Christenheit in einer breiten Vielfalt. Im *Ökumenischen Rat der Kirchen* sind insgesamt 349 Kirchen Mitglied. Die römisch-katholische Kirche, die orthodoxen Kirchen und die evangelischen Kirchen der Reformation sind gegenwärtig die drei großen christlichen Konfessionen.

Eine Besonderheit der römisch-katholischen Kirche ist die Rolle (das Amt) der geweihten Kleriker (Bischöfe, Priester und Diakone). Sie stehen als Leitungspersonen (z. B. Pfarrer) dem Kirchenvolk, den Laien (griech. *laos*), gegenüber, z. B. wenn sie die Sakramente spenden. Dieses sogenannte Amtspriestertum unterscheidet sich deutlich vom evangelischen Pfarramt. Evangelische Pfarrerinnen und Pfarrer sind selbst Teil der Gemeinde und verstehen sich als Lehrer.

Die bunte Vielfalt der religiösen Zeichen, Symbole und Riten ist eine weitere römisch-katholische Besonderheit: Weihwasser, Weihrauch, Kerzen, heilige Orte, heilige Menschen (Reliquien), heilige Bilder, geweihte Gegenstände (Devotionalien) – dies alles und vieles andere mehr zeigt eine große Unbekümmertheit gegenüber einer Volksreligiosität, die davon lebt, mit allen Sinnen zu glauben.

Auch wenn die Trennung der einen Kirche in zahlreiche Konfessionen ärgerlich ist, so kann diese Vielfalt als Bereicherung gesehen werden, zeigt sie doch, wie unterschiedlich die Menschen sind. Das Miteinander der Konfessionen in der Ökumene wird künftig nur möglich sein als Einheit in versöhnter Verschiedenheit. Immer wieder jedoch müssen die Gemeinsamkeiten stärker betont werden als die Unterschiede.

Basistext: Die Lebensregel von Taizé

Die ökumenische Gemeinschaft von Taizé lebt in der Spannung von Kampf und Kontemplation: Lass in deinem Tag Arbeit und Ruhe vom Wort Gottes ihr Leben empfangen; wahre in allem die innere Stille, um in Christus zu bleiben; lass dich durchdringen vom Geist der Seligpreisungen: Freude, Barmherzigkeit, Einfachheit.

Lebensbezug

»Evangelisch, katholisch, orthodox – das ist doch alles das Gleiche. Letztlich kommt es darauf an, christlich zu leben.« Du begegnest dieser Einstellung, indem du aus katholischer Sicht an Beispielen einerseits konfessionelle Unterschiede erklärst und anderseits die Ökumene als Einheit in versöhnter Verschiedenheit erläuterst.

Worum es geht

Im Herbst 1962 wurde das Zweite Vatikanische Konzil eröffnet. Nahezu 2500 Bischöfe aus der ganzen Welt versammelten sich in Rom, um über die Zukunft der Kirche in der Welt von heute zu beraten. Papst Johannes XXIII. hatte als Motto für dieses Konzil ein Aggiornamento des Glaubens ausgegeben, was so viel bedeutet wie eine »Verheutigung« oder Aktualisierung des Glaubens. Nur so könne die Kirche in der modernen Welt einen Weg zu den Menschen finden. Es gab einen hoffnungsvollen Aufbruch, bei dem manche Reform auf den Weg gebracht wurde. So wurden seitdem vor allem die Gottesdienste neu gestaltet. Heute gilt es, diese Reformen des Konzils weiterzuführen.

Auch der Theologe Karl Rahner hat auf seine Weise eine Neuausrichtung gefordert, wenn er sagt: »Der Fromme von morgen wird ein Mystiker sein, einer, der etwas erfahren hat, oder er wird nicht mehr sein.« Das bedeutet, dass Christinnen und Christen in der säkularen Welt nur dann eine Zukunft haben, wenn es Orte oder Räume gibt, wo sie und andere Menschen Gott erfahren können. Für die christlichen Kirchen ist das eine große Herausforderung, sind doch die traditionellen Kirchenräume keine attraktiven Kristallisationspunkte mehr. Vor allem Kinder und Jugendliche haben den Kontakt zur Kirche verloren. Eine spirituelle Heimat ist sie schon lange nicht mehr. Hier muss etwas geschehen.

Die ökumenische Bewegung, die sich den Dialog und die Zusammenarbeit zwischen christlichen Konfessionen zur Aufgabe gemacht hat, knüpft hier an. Die christlichen Kirchen müssen sich zusammentun, wollen sie die Menschen, insbesondere die jungen Leute von heute erreichen. Um überzeugend zu sein, müssen sie mit *einer* Stimme sprechen und gemeinsame Angebote machen. Deswegen gibt es Projekte wie die »Jugendkirche TABGHA« in Oberhausen, oder es gibt ökumenische Gemeindezentren wie die Kirche Maria Magdalena in Freiburg-Rieselfeld oder Thomas Morus in Karlsruhe-Oberreut.

Basistext: Die Spiritualität der Gemeinschaft von Sant'Egidio

Der Weg der Gemeinschaft von Sant'Egidio ist gekennzeichnet durch eine Spiritualität mit den Elementen:

1. Das Gebet begleitet alle Gemeinschaften in Rom und auf der Welt. Es bildet ihr Fundament und den Mittelpunkt, auf den ihr Leben ausgerichtet ist.
2. Die Weitergabe des Evangeliums ist grundlegend für die Gemeinschaft und ist an alle gerichtet, die auf der Suche sind und nach einem Sinn im Leben fragen.
3. Die Freundschaft mit den Armen wird als ehrenamtlicher Dienst im Geist des Evangeliums und im Geist einer Kirche verwirklicht, die »Kirche aller und besonders der Armen ist« (Johannes XXIII.).
4. Die Ökumene lebt die Gemeinschaft in der Freundschaft, im Gebet und in der Suche nach der Einheit unter den Christen auf der ganzen Welt.
5. Der Dialog im Sinne des Zweiten Vatikanums als Weg des Friedens und der Zusammenarbeit unter den Religionen, als Lebensweise und als Methode für die Versöhnung in Konfliktfällen ist ein weiteres Anliegen von Sant'Egidio.

Lebensbezug

Du bist auskunftsfähig zum Zweiten Vatikanischen Konzil (1962–1965) und kannst deinen Mitschülerinnen und Mitschülern dessen Bedeutung an konkreten Beispielen erläutern.
Du kennst die konfessionellen Gegebenheiten deines Ortes bzw. deiner Region. Auf dieser Basis erstellst du ein Konfessionsprofil deiner Stadt bzw. deines Landkreises.
Du bist vertraut mit ökumenischen Projekten und stellst sie medial aufbereitet (z. B. auf einer von dir gestalteten Homepage) vor.

- www.aggiornamento.de
- www.katholisch.de
- www.evangelisch.de
- www.orthodoxes-christentum.com

6

IN DER VIELFALT LEBEN

Worum es geht

»Die Welt ist Gottes so voll. Aus allen Poren der Dinge quillt er uns gleichsam entgegen« (Alfred Delp). Etwas umgewandelt lässt sich sagen: Die Welt ist der Religion so voll, allerorten und zu allen Zeiten gibt es religiöse Phänomene unterschiedlichster Art. Freilich, nicht alle Phänomene sind leicht verständlich oder nachvollziehbar. Umso genauer gilt es hinzuschauen, die religiösen Spuren zu entdecken und zu lesen, im eigenen Ort, in der eigenen Region; aber auch im persönlichen Umfeld und in der eigenen Geschichte. Zahlreich sind auch die religiösen Spuren im Jahreskreis, im Rhythmus der Tage, Wochen und Jahre; religiöse Feste prägen selbst die säkularen Gesellschaften.

Wer auf diese Weise achtsam durchs Leben geht, wird in der bunten Vielfalt der religiösen Spuren Gemeinsamkeiten und Unterschiede entdecken. Besonders die sog. abrahamitischen Religionen (Judentum, Christentum und Islam) sind einander eng verwandt und zugleich verschieden, so wie Geschwister, z.B. im Blick auf Taufe, Erstkommunion, Firmung; Beschneidung, Bar und Bat Mizwa; Schahada; Weihnachten, Ostern, Pfingsten; Jom Kippur, Sukkot, Pessach; Nacht der Bestimmung, Zuckerfest, Opferfest.

In den heiligen Schriften der drei Religionen (Tora, Bibel, Koran) stehen die elementaren Erfahrungen der Menschen mit Gott im Zentrum. Der eine Gott (Jahwe, Allah) ist es, der die Menschen zu allen Zeiten auf verschiedene Weise unmittelbar anspricht. Diese Erfahrungen rütteln Menschen auf und motivieren sie, ihr Leben auf Gott hin auszurichten, sich für Gottes Sache einzusetzen und die Welt entsprechend zu gestalten.

In den Begegnungen mit jüdischen und muslimischen Gläubigen erleben Christinnen und Christen auch Differenzen; wie sollte es auch anders sein, hat doch jede Religion ihre eigene Glaubenspraxis. Manchmal scheint es, als wenn viele Muslime mit einer größeren Selbstverständlichkeit ihren Glauben öffentlich im Alltag leben. Sie praktizieren das vorgeschriebene Ritualgebet mehrmals am Tag, fasten im Ramadan und entrichten die Sozialsteuer. Die Trias von Almosen, Gebet und Fasten ist auch im Christentum (▸ Mt 6,1–18) und Judentum wichtig, wird allerdings vor allem in unserer Gesellschaft doch eher im privaten Bereich praktiziert. Ebenso wird die Frage der besonderen Bekleidung unterschiedlich gehandhabt, was nicht selten zu Irritationen führt, z.B. wenn es um das muslimische Kopftuch geht.

Basistexte: Sch'ma Jisrael und Pessach-Haggada

Höre, Israel! Jahwe, unser Gott, Jahwe ist einzig. Darum sollst du den Herrn, deinen Gott, lieben mit ganzem Herzen, mit ganzer Seele und mit ganzer Kraft. Diese Worte, auf die ich dich heute verpflichte, sollen auf deinem Herzen geschrieben stehen. Du sollst sie deinen Söhnen wiederholen. Du sollst von ihnen reden, wenn du zu Hause sitzt und wenn du auf der Straße gehst, wenn du dich schlafen legst und wenn du aufstehst. Du sollst sie als Zeichen um das Handgelenk binden. Sie sollen zum Schmuck auf deiner Stirn werden. Du sollst sie auf die Türpfosten deines Hauses und in deine Stadttore schreiben.

Dtn 6,4–9

Was unterscheidet diese Nacht von allen anderen Nächten? In allen andern Nächten essen wir Gesäuert und Ungesäuert, diese Nacht nur Ungesäuertes. In allen andern Nächten essen wir alle Arten Kräuter, diese Nacht nur Bitterkraut. In allen andern Nächten müssen wir nicht eintauchen, auch nicht ein einziges Mal, in dieser Nacht zwei Mal. In allen andern Nächten essen wir sitzend oder angelehnt, diese Nacht alle angelehnt. [...] Sklaven waren wir einst dem Pharao in Ägypten. Da führte uns der Ewige, unser Gott, von dort heraus, mit starker Hand und ausgestrecktem Arm. [...] Wären wir auch alle Weise, mit Vernunft begabt und erfahren und gelehrt, es bliebe dennoch unsere Pflicht, vom Auszug aus Ägypten zu erzählen. Wer viel vom Auszug aus Ägypten erzählt, ist zu loben.

Pessach-Haggada

Lebensbezug

Anhand eines religiösen Stadtplans deines Ortes kannst du als Stadtführer/in die vielfältigen religiösen Spuren in deiner Heimat aufzeigen. Zugleich gibst du einen Rückblick auf die verschieden religiösen Festzeiten und Feste des vergangenen Jahres oder eine Vorschau auf die des kommenden.

Worum es geht

Religion braucht eine Gestalt, eine äußere Form. Die innere Haltung des Glaubens sucht einen äußeren Ausdruck für Freude und Hoffnung, Trauer und Angst; das ist ein menschliches Bedürfnis. Deswegen haben neben den Symbolen und Ritualen die Feste und Festzeiten der Religionen einen hohen Stellenwert. In ihnen werden die wesentlichen Glaubensinhalte (besser: Glaubensgeheimnisse) thematisiert. An Weihnachten feiern Christinnen und Christen, dass Gott Mensch geworden ist. An Ostern feiern sie, dass Jesus Christus den Tod überwunden hat. An Pfingsten wird die dynamische Geistkraft Gottes gefeiert, die alles Lebendige bewegt.

Die beiden großen religiösen Traditionen Asiens, der Hinduismus und der Buddhismus, sind jeweils ein Kosmos für sich. Allein die Welt des Hinduismus ist kaum zu überblicken. In ihrem Zentrum steht das Bemühen der Menschen, das eigene Wesen (Atman) mit dem Heiligen (Brahman) in Kontakt zu bringen. Die ewige Ordnung (der Dharma) ist der vorgegebene Rahmen, in dem sich alles bewegt.
Auch der Buddhismus mit seinen großen Strömungen (Hinayana, Mahayana, Vajrayana und Theravada) ist nicht einheitlich zu fassen. Im Vergleich mit den westlichen Traditionen lassen sich jedoch einige markante Strukturunterschiede feststellen. Beide Religionen kennzeichnet ein zyklisches Denken. Der Mensch, wie überhaupt die gesamte Welt, ist im Kreislauf der Wiedergeburten gefangen. Angetrieben durch das Karma dreht sich dieses Rad des Lebens (Samsara) auf ewig, alles wiederholt sich. Die Weltzeit hat demnach keinen Anfang und kein Ende. Erlösung aus dieser leidvollen Situation findet oder erwirbt sich der Mensch durch eine besondere Lebenspraxis (Askese) oder durch Erkenntnis, die er auf dem Wege der Meditation erlangt.

Die biblische Tradition ist dagegen linear geprägt. Gott hat die Welt geschaffen. Bei Gott findet sie am Ende der Zeiten ihre Vollendung. Die Erlösung der Menschen und der Welt aus ihrer unheilvollen Situation ist nicht das Ergebnis der Leistung der Menschen, sondern das Werk Gottes. Allein die Gnade Gottes kann die Menschen erlösen. Im Gegensatz zum Monotheismus der westlichen Religionen sind die fernöstlichen Traditionen polytheistisch geprägt. Der Hinduismus kennt Zigtausende von Gottheiten; im Buddhismus ist es je nach Tradition ähnlich; wobei der Religionsstifter Siddhartha Gautama zwar als Buddha (Erleuchteter), nicht jedoch als Gottheit verehrt wird.
Große religiöse Gestalten gibt es in allen religiösen Traditionen. Deren Lebensformen weisen zum Teil beachtliche Parallelen auf. Es scheint fast so, als wenn die Weisen oder Heiligen der Welt mit einem unsichtbaren mystischen Band verbunden seien oder aus einer gemeinsamen mystischen Quelle leben.

Basistext: Die Vier Edlen Wahrheiten des Buddha und der Achtfache Pfad

In seiner ersten Predigt hat Siddhartha Gautama – der Buddha – die sog. Vier Edlen Wahrheiten als Grundlage der buddhistischen Lehre formuliert:

1. Das Leben im Daseinskreislauf ist letztlich leidvoll.
2. Ursachen des Leidens sind Gier, Hass und Verblendung.
3. Erlöschen die Ursachen, erlischt das Leiden.
4. Zum Erlöschen des Leidens führt der Edle Achtfache Pfad.

Der Edle Achtfache Pfad ist eine Anleitung zum Erreichen der Erlösung (Nirwana):

1. rechte Einsicht, rechte Anschauung, rechte Erkenntnis
2. rechte Gesinnung, rechte Absicht, rechtes Denken, rechter Entschluss
3. rechte Rede
4. rechtes Handeln, rechte Tat
5. rechter Lebenserwerb, rechter Lebensunterhalt
6. rechtes Streben, rechtes Üben, rechte Anstrengung
7. rechte Achtsamkeit, rechte Bewusstheit
8. rechte Sammlung, rechtes Sich-Versenken, rechte Konzentration, rechte Versenkung

Lebensbezug

Der Dalai Lama und der Buddhismus generell üben auf viele Menschen der westlichen Welt eine große Faszination aus, sicherlich auch auf Menschen deiner Umgebung. Du gibst ihnen medial aufbereitet (z.B. durch ein Plakat oder geeignete Folien) Auskunft darüber, was den Buddhismus kennzeichnet.

Worum es geht

Allen Religionen gemeinsam ist die Verehrung des Heiligen oder Göttlichen. Der Mensch ahnt oder erfährt die göttliche Gegenwart, die ihn fasziniert und zugleich erschreckt. Die eigene Begrenztheit steht im scharfen Kontrast zur unendlichen Größe Gottes, wie auch die Zeitlichkeit der Menschen und der Welt zur Ewigkeit. Vielen Religionen gemeinsam ist jedoch die den Menschen gegebene Möglichkeit, die göttliche Gegenwart nicht nur wahrzunehmen, sondern auch mit ihr in Beziehung zu treten. Die Menschen sind Gottes fähig.

Nahezu alle Religionen legen Wert darauf, die religiöse Praxis nicht nur individuell, sondern auch gemeinschaftlich zu gestalten. Meist haben sie eine mehr oder weniger verpflichtende Regel oder Lehre, die für die jeweiligen Anhänger verbindlich ist. Auch gibt es in der Sozialgestalt der Religionen meist verschiedene Gruppen, die unterschiedliche Aufgaben oder Rollen übernehmen. Eine besondere Rolle haben Priester oder Schamanen, weise oder gelehrte Personen, die in religiösen Dingen kundig und erfahren sind und andere Menschen auf dem spirituellen Weg leiten oder begleiten können.

Die Glaubensüberzeugungen der einzelnen Religionen gehen teilweise sehr weit auseinander. Aus christlicher Perspektive ist dies insbesondere dann der Fall, wenn es um die Bedeutung Jesu geht. Das Christentum bekennt Jesus von Nazaret als den verheißenen Messias, den Heiligen Gottes. Das Judentum erwartet, dass der Messias erst noch kommen wird. Der Islam sieht zwar – wie das Judentum – in Jesus einen Propheten, lehnt jedoch ab, in ihm den menschgewordenen Gott zu sehen. Die buddhistischen und hinduistischen Traditionen können Jesus leichter in ihren jeweiligen Kontext integrieren, sei es als Bodhisattwa oder als göttliche Inkarnation.

Die Erfahrungen in der Geschichte und der Gegenwart der Menschheit zeigen, dass Menschen gegenüber fremden religiösen Traditionen und Kulturen skeptisch bleiben, solange sie diese nicht kennen oder verstehen. Es ist eine der wichtigsten Aufgaben der heutigen Zeit, den Dialog zwischen den Religionen zu fördern. Dazu ist ein interreligiöses Lernen notwendig, das die Fremdheit der anderen Religionen und Kulturen mit Offenheit und Neugier aufnimmt. Die großen Weltreligionen verbindet ein gemeinsames Ethos. Wo die göttliche Gegenwart das Leben der Menschen durchdringt (heiligt), wird die Ehrfurcht vor dem Leben und vor der Schöpfung zunehmen. Dass die heilsame (spirituelle) Kraft der Religion in vielen Fällen immer noch durch Fanatismus und Fundamentalismus entstellt wird, ist ein großes Verbrechen an deren Werten. Die Gläubigen aller Religionen sind aufgerufen, in ihren eigenen Reihen dem Frieden Raum zu schaffen.

Basistext: Die Fünf Säulen des Islams

Der Islam legt fünf grundsätzliche Pflichten fest, die alle Muslime einzuhalten haben und die das Gebäude oder die Säulen seines Glaubens ausmachen. Dabei handelt es sich um:

1. Den Glauben an die Einheit Allahs und das Ablegen des Bekenntnisses zu diesem Glauben mit den folgenden Worten: »Ich bezeuge, dass es keinen Gott gibt außer Allah, und ich bezeuge, dass Muhammad Sein Diener und Sein Gesandter ist« (Schahada).
2. Die fünf täglichen Gebete vor Sonnenaufgang, zur Mittagszeit, am Nachmittag, nach Sonnenuntergang und in der Nacht (Salat).
3. Wohltätigkeit üben gegenüber den Mitmenschen, insbesondere die Pflicht zur jährlichen Almosen-Steuer von etwa 2,5 Prozent des Kapitalvermögens (Zakat).
4. Das Fasten während des Ramadans (Saum). Es beginnt täglich vor Anbruch der Morgendämmerung und dauert bis nach Sonnenuntergang. Während dieser Zeit enthält sich der Muslim des Essens, Trinkens von Wasser oder anderen Getränken, des Geschlechtsverkehrs mit seinem Ehepartner und des Rauchens.
5. Die Pilgerfahrt nach Mekka (Haddsch). Diese ist allen Muslimen zumindest einmal im Leben zur Pflicht gemacht, sofern sie gesund sind und die finanziellen Mittel dafür aufbringen können.

Lebensbezug

Deine Lerngruppe veranstaltet eine Konferenz der Religionen. Du übernimmst die Rolle einer Religion deiner Wahl und kannst deren Anliegen in die Konferenz einbringen. Auch deine Mitschülerinnen und Mitschüler verfahren so. Gemeinsam sucht ihr nach Wegen der Verständigung unter den Religionen.

Worum es geht

Im Prozess gegen Jesus wird dieser vom römischen Statthalter gefragt: »Also bist du doch ein König? Jesus antwortete: Du sagst es, ich bin ein König. Ich bin dazu geboren und dazu in die Welt gekommen, dass ich für die Wahrheit Zeugnis ablege. Jeder, der aus der Wahrheit ist, hört auf meine Stimme. Pilatus sagte zu ihm: Was ist Wahrheit?« (Joh 18,37f.). Die Frage nach der Wahrheit spielt in den Religionen eine große Rolle. Allerdings meint »Wahrheit« hier nicht die Bezeichnung von gegebenen Fakten, zutreffenden Sachverhalten oder gar naturwissenschaftlichen Erkenntnissen.

Lange Zeit wurde auch seitens des Christentums die Wahrheitsfrage exklusiv beantwortet, so als sei die Wahrheit ausschließlich in einer Religion oder Konfession zu finden. Das hat unendlich viel Leid über die Menschen gebracht (Kreuzzüge, Konfessionskriege). Wenn jedoch in der Bibel von Wahrheit gesprochen wird, dann geht es um die Frage, worauf Menschen ihr Leben bauen oder was die Basis ihres Lebens ist. Für viele ist es der Erfolg, das Bewusstsein der eigenen Stärke und Kraft, der Besitz materieller Güter, der Reichtum, die Ehre usw. Es können aber auch die Beziehungen zu anderen Menschen sein, das Vertrauen, die Hoffnung und die Liebe. In diesem Sinne ist Gott selbst die Wahrheit der Menschen, für diese Wahrheit gibt Jesus Zeugnis: Auf Gott kannst du dein Leben bauen.

Vor diesem Hintergrund erscheint die Frage danach, welche Religion die wahre ist, in einem ganz anderen Licht. Wahr ist eine Religion dann, wenn sie die Menschen zu sich selbst, zueinander und zu Gott führt. Diese inklusivistische Sicht auf die Religionen geht davon aus, dass sich in allen Religionen »Wahrheit« finden lässt. Viele Zeitgenossen vertreten allerdings die pluralistische Auffassung, es sei beliebig, welchen religiösen Weg Menschen gehen, da doch alle zu Gott führen würden. Dagegen spricht, dass es durchaus kritische Anfragen an manche religiöse Praxis gibt, z.B. wenn die Menschenrechte verletzt oder wenn wissenschaftliche Einsichten ignoriert werden. In solchen Fällen ist es durchaus angesagt, gut begründet Fragen zu stellen. Die Gleichsetzung von Beliebigkeit und Toleranz wird niemandem gerecht.

Christinnen und Christen bekennen, dass Jesus Christus der Weg, die Wahrheit und das Leben ist. Ihr Bekenntnis wird in dem Maße an Überzeugungskraft gewinnen, in dem sie daraus ihr Leben gestalten. Der absolute Vorrang der Liebe in der Einheit von Gottes-, Nächsten- und Selbstliebe, die Ablehnung von Gewalt, der Einsatz für Recht und Gerechtigkeit sind dafür markante Maßstäbe. In diesem Sinne hat Gotthold Lessing in seinem Drama *Nathan der Weise* das geschwisterliche Verhältnis der drei abrahamitischen Religionen in der beeindruckenden Ringparabel auf den Punkt gebracht.

Basistext: Das Verhältnis der Kirche zu den nichtchristlichen Religionen

Von den ältesten Zeiten bis zu unseren Tagen findet sich bei den verschiedenen Völkern eine gewisse Wahrnehmung jener verborgenen Macht, die dem Lauf der Welt und den Ereignissen des menschlichen Lebens gegenwärtig ist, und nicht selten findet sich auch die Anerkenntnis einer höchsten Gottheit oder sogar eines Vaters. Diese Wahrnehmung und Anerkenntnis durchtränkt ihr Leben mit einem tiefen religiösen Sinn. [...] Die katholische Kirche lehnt nichts von alledem ab, was in diesen Religionen wahr und heilig ist. Mit aufrichtigem Ernst betrachtet sie jene Handlungs- und Lebensweisen, jene Vorschriften und Lehren, die zwar in manchem von dem abweichen, was sie selber für wahr hält und lehrt, doch nicht selten einen Strahl jener Wahrheit erkennen lassen, die alle Menschen erleuchtet. [...] Deshalb mahnt sie ihre Söhne, dass sie mit Klugheit und Liebe, durch Gespräch und Zusammenarbeit mit den Bekennern anderer Religionen sowie durch ihr Zeugnis des christlichen Glaubens und Lebens jene geistlichen und sittlichen Güter und auch die sozial-kulturellen Werte, die sich bei ihnen finden, anerkennen, wahren und fördern.

Nostra aetate 2

Lebensbezug

»Eigentlich ist es ziemlich egal, welcher Religion man angehört. Die verschiedenen Religionen sind alle irgendwie gleich.« Solche Sätze haben auf den ersten Blick eine hohe Plausibilität. Und doch gibt es Unterschiede zwischen den Religionen. Du beziehst dazu Position aus christlicher Perspektive.

Worum es geht

»Es ist normal, verschieden zu sein.« Dieses Motto der *Aktion Mensch* lässt sich auch auf die Religionen anwenden. Religiöse (und auch kulturelle) Vielfalt wird dann als Bereicherung (und nicht als Bedrohung) erfahren, wenn sie verstanden wird. Eine Religion zu verstehen bedeutet allerdings mehr, als nur Bescheid zu wissen über Daten und Fakten. Es kommt darauf an, die Religion inwendig zu kennen und nicht einfach nur auswendig.

Auf dem Weg der wohlwollenden Begegnung mit ihm bisher unbekannten religiösen Phänomenen wird ein dialog- und lernbereiter Mensch dem Fremden mit Respekt und Achtung begegnen. Das schließt nicht aus, dass Fragen gestellt oder ggf. Kritik geäußert wird. Es gilt das indianische Sprichwort: »Urteile nicht über einen anderen, bevor du nicht einen Monat lang in seinen Mokassins gegangen bist.« Das setzt eine große Offenheit und die Bereitschaft zum Perspektivenwechsel voraus. In der Religion geht es ja meist auch um Herzensangelegenheiten, die lassen sich nicht ohne Weiteres festlegen oder einordnen. Da braucht es ein feines Gespür für die Sichtweisen und Empfindungen des Menschen mir gegenüber.

Der Glaube, die innere Einstellung und Haltung, ist ein enormes Potenzial, er kann Menschen verändern und Berge versetzen. Der Glaube bzw. die Religion ist die treibende Kraft für persönliches Engagement, für kulturelle Kreativität und für soziales und politisches Handeln. Religiös zu leben ist eine spezifische Weise, in der Welt zu leben, eine Art Lebensstil.

Basistext: Das »Glaubensbekenntnis« Gandhis

Ich nenne mich einen Hindu, weil ich an die Veden und die Upanishaden und an all das glaube, was unter dem Namen der heiligen Bücher der Hindus inbegriffen ist, deshalb auch an die Herabkünfte der Gottheiten auf die Erde und an die Wiedergeburt. Ich glaube an das Kastenwesen, wie es die Veden getan haben, nicht aber in dem heute vergröberten Sinn. Ich glaube an den Schutz der Kuh, der ich eine umfassendere Bedeutung zumesse, als dies gewöhnlich geschieht. Ich verwerfe die Bilder der Götter nicht.

Mahatma Gandhi (1869–1948)

Lebensbezug

Du kennst die fünf großen Weltreligionen und kannst sie in Bezug auf die vier Bereiche (Gemeinschaft, Lehre, Ethik und Spiritualität) voneinander unterscheiden und miteinander in Beziehung setzen.
Du beziehst aus der Sicht der Weltreligionen Position zu den großen gesellschaftlich relevanten Fragen.
Du planst mit deiner Klasse oder Lerngruppe ein interreligiöses Gebet. Dabei orientiert ihr euch an den Friedensgebeten, die seit 1982 regelmäßig in Assisi und andernorts stattfinden.

- www.friedenstreffen.de
- www.santegidio.org/pageID/47/langID/de/Internationale_Friedenstreffen.html
- www.de.wikipedia.org/wiki/Portal:Religion
- www.parliamentofreligions.org/index.cfm
- www.haus-der-religionen.de
- www.weltkloster.de

VERZEICHNIS DER BASISTEXTE

In Freiheit und mit Hoffnung leben
- Der Mensch vor Gott (Ps 8)
- Die Ur-Erfahrung Israels (Dtn 26,5–9)
- Das Magnifikat (Lk 1,46–55)
- Die Vision vom Reich Gottes (Jes 65,17–25)
- Die Neuschöpfung Gottes (Offb 21,1–6)

In der Gegenwart Gottes leben
- Gottes Selbstoffenbarung (Ex 3,1–15)
- Gott, der gute Hirte (Ps 23)
- Gott, wie Mutter und Vater (Hos 11,1–4)
- Der barmherzige Vater (Lk 15,11–32)
- Das Vaterunser (vgl. Mt 6,9–13)

Mit Jesus leben
- Jesu Worte und Taten (Mt 4,23–25)
- Das Gleichnis von Gottes Reich (Mt 13,1–9)
- Die Seligpreisungen der Bergpredigt (Mt 5,1–12)
- Der Christus-Weg (Phil 2,5–11)
- Die Ich-bin-Worte Jesu (vgl. Joh)

Verantwortlich leben
- Leben nach Gottes Willen (Am 5,24; Mi 6,8; 1 Joh 4,19–21)
- Die vorrangige Option für die Armen (CELAM, Puebla 1979, 1134)
- Der Dekalog (Ex 20,2–17)
- Das Projekt Weltethos
- Zehn Grundüberzeugungen der ökumenischen Weltversammlung von Seoul 1990

In Gemeinschaft leben
- Das Leben der Ur-Gemeinde (Apg 2,43–47)
- Das Credo
- Die Kirche in der Welt von heute (Gaudium et spes 1– 2)
- Die Lebensregel von Taizé
- Die Spiritualität der Gemeinschaft von Sant'Egidio

In der Vielfalt leben
- Sch'ma Jisrael (Dtn 6,4–9) und Pessach-Haggada
- Die Vier Edlen Wahrheiten des Buddha und der Achtfache Pfad
- Die Fünf Säulen des Islams
- Das Verhältnis der Kirche zu den nichtchristlichen Religionen (Nostra aetate 2)
- Das »Glaubensbekenntnis« Gandhis

Mein Lieblingstext

QUELLENVERZEICHNIS

S. 46 Konferenz der lateinamerikanischen Bischöfe (CELAM) in Puebla. Dokument III der Generalkonferenz, 13.2.1979, in: Sekretariat der Deutschen Bischofskonferenz (Hg.): Stimmen der Weltkirche 8
S. 50 in: Hans Küng: Projekt Weltethos, Piper Verlag, München 1992
S. 76 Glaubensbekenntnis Gandhis, in: Helmuth von Glasenapp: Indische Geisteswelt, Emil Vollmer Verlag, Wiesbaden.
Alle Bibelstellen:
Einheitsübersetzung der Heiligen Schrift
© 1980 Katholische Bibelanstalt, Stuttgart